Mélanie Lesage 5è6

Jean Ier le Posthume, roman historique

ISBN 2-84420-510-0

Loi n° 49-956 du 16 juillet 1949 sur les publications destinées à la jeunesse
Maquette : Bärbel Müllbacher

Jean Ier le Posthume, roman historique

Fabrice Vigne

Roman

Illustration de couverture
de Claude Cachin

EDITIONS
THIERRY
MAGNIER

Ingrédient n°1 : Fabrice Vigne faisait parfois, quand il était petit, un rêve où il sautait en maillot de bain du toit de son immeuble.

Ingrédient n°2 : Fabrice Vigne s'était dit que, si un jour il devenait papa, il appellerait son fils Arthur, parce qu'il trouvait ce prénom joli (à ce jour, il n'a pas de fils).

Ingrédient n°3 : Fabrice Vigne aime beaucoup regarder la lune, même en plein jour.

Ingrédient n°4 : Fabrice Vigne n'est pas sûr du tout d'être capable d'écrire des livres, surtout des romans historiques.

Et puis quelques ingrédients secrets, aussi, parce que les secrets, c'est très bon pour les histoires.

Fabrice Vigne a publié *TS* aux éditions de l'Ampoule en 2003.

Jean Ier le Posthume, roman historique a reçu
le Prix Octogones de littérature jeunesse 2005
(décerné par le Centre international d'études
en littérature jeunesse).

« Qu'est-ce que c'est
que ces gens-là
qui ne sont pas foutus
de compter jusqu'à vingt ? »

Jacques Prévert

Pour mon Alpha et mon Oméga.

Aussi, pour mes camarades de jeux
dans la cour de récré :
Jean-Philippe Blondel,
Fred Paronuzzi,
Franck Pélissier,
Catherine Page,
docteur-professeur Hamid Nedjat.

Et à la mémoire de mes grands-pères.

Dimanche
(Jour du Projet Secret)

« Je vais écrire un livre. »

Arthur est assis sur son lit. Il vient de parler en sursaut. En une fraction de seconde, ses yeux se sont ouverts, il s'est réveillé, dressé à angle droit en pliant les genoux, et a dit « Je vais écrire un livre » d'un seul souffle, en ouvrant grand la bouche comme un nageur qui resurgit à la surface. À dire vrai, il ne sait plus s'il l'a réellement prononcée ou seulement pensée très fort, cette phrase, mais l'effet revient au même, puisque maintenant elle est là.

Ensuite, il réfléchit un petit peu. Il se demande ce qui a bien pu le réveiller aussi brutalement au milieu de la nuit.

Il se concentre, et retrouve son rêve. Ce n'est

pas difficile : depuis quelque temps, il fait souvent le même. Il est sur le toit de son immeuble en maillot de bain. Il a grimpé là en dépliant l'échelle de secours accrochée au mur du dernier étage, celle qu'il est interdit de toucher. Plusieurs de ses copains sont présents aussi, Elsa et Stan qu'il reconnaît, d'autres qu'il ne reconnaît pas, et tous font la queue. La grande attraction, le grand frisson, le but du jeu c'est de sauter du toit comme ils sautent du cinq-mètres à la piscine. Voilà pourquoi ils sont en maillot de bain. Quand vient le tour d'Arthur, il hésite un peu, se demande comment s'y prendre, soit en sautant le plus haut possible dans les airs, et le plus loin dans le vide, soit en sautillant juste assez pour se laisser tomber au-delà du parapet, pieds joints ou à cloche-pied. En tout cas, pas en plongeant, ça il ne sait pas faire, la tête la première il n'ose pas. Il regarde devant lui, la barre d'immeubles en face, les fenêtres alignées, en bas la petite place avec les balançoires, le tourniquet, et l'arbre, comme vus d'avion. Il sent le vent le long de sa peau. Finalement, il saute pieds joints, une poussée des mollets. Le voilà qui tombe debout. Et ça dure, ça dure, ça ne finit pas, l'immeuble défile derrière lui, des étages et des étages, et encore des étages, les mêmes à nouveau, et c'est très agréable, comme un toboggan sauf qu'on ne touche rien, on n'est en contact qu'avec l'air, on vibre. C'est agréable, et en même temps ça fait peur. C'est toujours à ce moment-là qu'il se réveille, quand il prend peur.

Une fois, il a crié en se réveillant. Cette nuit, il a seulement dit « Je vais écrire un livre ». Ou alors, il n'a rien dit du tout, peu importe, l'important c'est qu'il va écrire un livre.

Il tourne la tête, et il voit une ligne de lumière jaune entre la porte et le plancher. Est-ce que c'est le matin ? Non, ce n'est pas le matin, il n'entend aucun bruit derrière les murs, ni voix, ni radio, ni tuyau. Pourtant « quelqu'un » a allumé la veilleuse du couloir. C'est peut-être ce qui l'a réveillé : « quelqu'un » a créé un peu de mouvement en marchant dans l'appartement, pas beaucoup, et pas fort, un frôlement sur le sol, un courant d'air, presque rien, mais suffisamment pour donner l'alerte à Arthur. « Quelqu'un » a troublé la nuit durant sa chute du toit et l'a réveillé à angle droit.

Car Arthur veille. Même quand il rêve, Arthur ne dort jamais que d'un œil. Arthur se dit qu'il a une âme de guetteur indien, il pourrait facilement surveiller le feu toute la nuit pendant que, dans les tipis en cercle autour de lui, le reste de la tribu dormirait sur ses deux oreilles. Il serait vigilant comme personne, au moindre frémissement de danger dans les feuillages, il donnerait l'alerte générale, tout le monde sur le pied de guerre ! – et il aurait sauvé le village cette nuit encore.

Il entend la chasse d'eau, l'averse puis les glouglous decrescendo.

Alors, il sait qui est ce « quelqu'un ». Sa maman se relève plusieurs fois par nuit pour aller faire pipi. Elle porte un bébé, disons un presque-bébé, un bébé pour plus tard, et plus ce même-pas-bébé grossit dans son ventre, plus il appuie sur la vessie sa voisine. Sa maman lui a expliqué que, lorsque le bébé serait prêt à sortir, elle « perdrait les eaux », ce serait ça le signal d'alerte qui ébranlerait le village indien. Arthur pense que, vu qu'elle perd les eaux plusieurs fois par nuit, ce n'est pas un signal spécialement fiable. Malgré tout, chaque fois qu'il entend tirer la chasse, il ouvre son second œil et se demande si ce sont les eaux en question, les eaux d'alerte générale. Surveiller l'eau, c'est aussi important pour le village que de surveiller le feu.

Arthur voit disparaître la ligne de lumière. « Quelqu'un » a éteint la veilleuse, l'alerte est passée. Pourtant sa chambre n'est pas totalement obscure, il y a là du noir foncé, ici du noir clair ; à sa gauche, du noir tout proche et plein, qu'il pourrait toucher, et à sa droite du noir un peu plus lointain et vide. Tous ces noirs sont sa chambre. Alors il sait, même sans les voir, où sont sa fenêtre, son armoire, son bureau, sa chaise, enfin sa table de chevet, surmontée d'un livre d'où dépasse à l'horizontale un marque-page, calé aux deux tiers. Ce livre s'intitule *Le Secret du fantôme perdu*, et il est dédicacé à l'encre bleue, sur la page de titre : *Pour Arthur, à qui je souhaite une lecture pleine de frissons !*

Quelques semaines plus tôt, une dame est venue dans sa classe. On avait mis les tables en cercle pour que tout le monde se voie, surtout pour que la dame voie tout le monde. Cette dame écrit des livres, elle est « Auteure avec un *e* à la fin », comme elle leur a dit. C'était la première fois qu'Arthur voyait quelqu'un qui écrit des livres. Elle était un peu plus vieille que sur les photos en quatrième de couverture, mais très gentille tout de même. C'est bête, mais du coup il s'était dit que les livres avaient besoin d'être écrits. Il n'y avait jamais pensé. Les photos en quatrième de couverture, ce n'était pas suffisant pour se faire à l'idée.

Arthur se lève, pose ses pieds nus sur le plancher et, sans faire de bruit, sans allumer, s'approche de la fenêtre. Ensuite, le plus lentement qu'il peut, il tire à deux mains sur le ruban qui soulève le volet. Lorsqu'il a levé vingt centimètres de volet, il lâche délicatement le ruban, qui se bloque automatiquement. Il contemple désormais le panorama de la tribu, les autres tipis : la barre d'immeubles d'en face, des dizaines ou des centaines de fenêtres, dont seulement quelques-unes allumées, la petite place d'en bas, il ne distingue pas les balançoires mais l'arbre, si, et les réverbères, et s'il penche un peu la tête, il voit encore quelques enseignes de magasins, des marques écrites en lumière, des feux tricolores qui clignotent, le tout dans une clarté douce et légèrement épaisse, comme une housse orange posée sur tout. Personne, ni rien qui bouge.

Arthur respire doucement. Il regarde son visage, reflété dans le vague du double vitrage, il regarde le paysage pétrifié, surtout il regarde la lune, projecteur flou suspendu au-dessus du décor. Elle en est à son premier quartier : un demi-cercle blanc à droite, à gauche un demi-cercle noir qui est aussi la lune.

Arthur est un spécialiste de la lune. Il possède un livre sur la question, pas dédicacé mais, à ce détail près, très complet. Il sait que, selon un cycle de vingt-huit jours, elle change de figure plusieurs fois puis recommence à zéro, c'est-à-dire disparaît. Il connaît toutes les étapes, huit au total, chacune couvrant environ trois jours et demi :

🌑 un, nouvelle lune, invisible ;

🌒 deux, premier croissant (croissant signifie : grandissant), dit « croissant du soir » ;

🌓 trois, premier quartier, ressemblant à un « P » pour qu'on s'en souvienne (demi-lune sur la gauche – c'est en ce moment précis) ;

🌔 quatre, lune gibbeuse croissante (gibbeuse signifie : bossue) ;

🌕 cinq, pleine lune (la plus belle, la lune achevée, la seule regardée par les non-spécialistes) ;

🌖 six, lune gibbeuse décroissante ;
🌗 sept, dernier quartier, ressemblant à un « d » pour qu'on s'en souvienne (demi-lune sur la droite) ;
🌘 huit, dernier croissant, dit « croissant du matin » ;

et on recommence.

Elle bouge. Non seulement elle enfle en ce moment, mais aussi elle s'avance dans le ciel, cheminant d'un horizon à l'autre. Or ces deux mouvements sont tellement lents qu'ils sont imperceptibles. Arthur pense qu'il est dans une disposition d'esprit appropriée pour patienter jusqu'à ce qu'il l'ait vue bouger. Il n'est pas pressé. Il va écrire un livre, c'est un Projet Secret, personne n'est encore au courant à part la lune. Avoir un Projet Secret rend infiniment patient.

Il repense à l'auteure. La maîtresse avait demandé à chacun de préparer une question sur un bout de papier, et de lui lire sa question quand elle serait là. Tout le monde levait le doigt pour poser sa question en premier, et il se trouve que c'est le doigt d'Arthur que l'auteure a choisi pour commencer.

L'AUTEURE – Vous savez tous qui je suis, mais moi je ne vous connais pas. Alors, avant de me poser sa question, chacun me donnera son prénom, d'accord ? Toi, vas-y mon garçon, comment t'appelles-tu ?

ARTHUR – Arthur.

L'AUTEURE – Arthur ? C'est un beau prénom, ça, Arthur. C'est un prénom de roi. Tu sais que j'ai écrit plusieurs livres avec des rois ? Les as-tu lus ?… Bon. Quelle est ta question, Arthur ?

ARTHUR *(lisant attentivement sa phrase sur son morceau de papier)* – « Est-ce-que-c'est-difficile-d'écrire-un-livre ? »

L'AUTEURE – Difficile, oui et non. Il faut deux choses pour écrire un livre : le déclic, c'est-à-dire l'idée, qui est très courte, et ensuite le travail, qui est très long. Tout le monde pourrait écrire un livre, même toi tu sais, Arthur, tu pourrais, à condition de réunir ces deux ingrédients : l'idée et le travail. Pour les idées, ça va : elles sont partout, elles circulent dans l'air, ne demandent qu'à être attrapées… La preuve que tout le monde peut avoir des idées d'histoires, c'est que tout le monde rêve en dormant. Tu rêves, Arthur, n'est-ce pas ? C'est le travail, qui pose problème : raconter une histoire en plein jour, sans dormir, tout le monde ne s'y met pas. Pourtant, on est récompensé de cette étape difficile : parfois, lorsque le livre est terminé, on ressent un *second* déclic. Celui qui vous explique votre propre livre, qui vous révèle la raison pour laquelle vous avez écrit ce livre-ci et pas un autre. C'est ce que j'appelle « le Point sensible » du livre. Par exemple, je l'ai éprouvé très fortement lorsque j'ai mis le point final à *La Malédiction du cachot perdu.*

L'as-tu lu, celui-là ? Tiens, d'ailleurs, tu sais qu'il y a un roi dans cette histoire, Arthur ?

Arthur n'avait, sur le moment, pas prêté très attention à cette longue réponse, préoccupé qu'il était par sa question, lue sur le bout de papier. Mais à présent, il y repense, étonné de s'en souvenir, comme s'il avait pris le temps d'en comprendre la signification, et les phrases rebondissent dans sa tête dans l'ordre et dans le désordre : « C'est difficile mais tout le monde peut », « Tout le monde peut mais c'est difficile ».

Aussi, il repense à la dédicace que l'auteure lui a écrite dans son exemplaire du *Secret du fantôme perdu*. Ce qu'il trouve curieux, soudain, c'est le point d'exclamation. Pourquoi lui souhaite-t-elle des « frissons ! » ? Des « frissons. » suffiraient largement. Ou bien des « frissons… ».

Debout dans la nuit face à la lune aux deux visages, il sent des frissons monter le long de ses mollets, et dans son dos aussi, parce qu'il est pieds nus sur le plancher. Eh bien là, tel qu'il est, il trouve qu'un point d'exclamation serait tout à fait déplacé pour les écrire, les décrire, ces frissons. Il verrait plutôt des points de suspension, pour les faire tressauter un peu, courir, durer…

Est-ce ainsi que ça commence, écrire ? Par l'envie de remplacer un point d'exclamation par des points de suspension ? L'envie, c'est facile. C'est ce qu'elle a dit, le déclic. Se mettre au travail, aligner pour de bon les suspensions sur du papier, ça l'est déjà un peu moins. Le travail.

La lune est belle. Elle a deux faces, l'une blanche, l'autre noire, et la frontière entre les deux varie chaque nuit. La lune est un biface. Arthur a ce mot-là dans la tête, à présent, « biface », il le mâche comme un chewing-gum. Il se voit dans son rôle d'Indien, assis en tailleur devant le petit tas de bûches crépitant jaune et rouge. Il regarde la lune, écoute les bruits de la forêt, un coyote quelque part derrière les branches basses, un hibou au sommet d'un arbre, une mobylette en sourdine, et, pour s'occuper les mains, son Projet Secret est de tailler un biface. Toc, toc, toc, minutieux, concentré, il donne des petits coups d'un silex sur l'autre, les éclats minuscules s'envolent un par un à la lueur des flammes et, à chaque entaille supplémentaire, le biface est retouché, aiguisé, corrigé. Lorsque le jour se lèvera, le biface sera parfait, élancé et tranchant, prêt à être fixé au bout d'une lance. Arthur a toute la nuit, il n'est pas pressé, il a des bûches en réserve pour alimenter le feu, le village est tranquille, il veille et taille, toc, toc, toc.

Toc, toc, toc. Arthur donne des petits coups d'ongle sur la vitre, sur la lune taillée.

Arthur se demande : « À quoi j'étais en train de penser, déjà ? » Il se dit : « Le nombre d'idées, d'images, d'histoires, qui traversent la tête lorsqu'on se réveille la nuit est décidément bien curieux. Peut-être parce que c'est un moment où l'on ne peut parler à personne. »

Arthur cligne. Il en est presque sûr : il a vu la lune bouger.

Elle a légèrement, très légèrement grossi, elle sera bientôt gibbeuse, bossue, et elle s'est légèrement, très légèrement déplacée depuis la barre d'immeubles vers les affiches de pub. Arthur est content. Aussi précautionneusement qu'il l'avait levé, il abaisse le volet roulant, mais pas en entier, il ne l'aplatit pas sur l'appui de la fenêtre, de sorte qu'entre chaque lame il laisse pénétrer des pointillés de lumière orange, des lignes de petites lunes projetées sur le mur.

Arthur ouvre son cartable, fouille dans sa trousse, en sort un stylo. Il s'empare du *Secret du fantôme perdu*, l'ouvre à la page de la dédicace. Tout en bas de cette page, il trace trois points de suspension.

Toc, toc, toc.

Sur ce, Arthur se recouche en se disant « Je ne vais pas m'endormir, je vais réfléchir à mon Projet Secret toute la nuit », puis il s'endort sans difficulté et, semble-t-il, sans rêves non plus.

Lundi
(Jour du premier complice)

« Écrire un livre ? Pour quoi faire ? »

Elsa a retiré de sa bouche la sucette jaune et rouge qu'elle tient maintenant comme un micro. Ses lunettes aussi sont jaune et rouge, son visage est donc encadré par trois ronds de mêmes couleurs, qui forment un triangle la pointe en bas. Au centre du triangle, le nez d'Elsa est pointu.

Pour quoi faire ? Il n'en sait rien, Arthur. Elsa a toujours de ces questions. Il sait « comment » est venue la décision, ça oui, il pourrait essayer de raconter, le plongeon du toit en maillot de bain, la chasse d'eau, le ventre gibbeux de sa maman, et le premier quartier dans la lumière orange, l'envie de faire « quelque chose de difficile », les points de suspension, et le biface. C'est tout à fait clair.

Mais « pour quoi faire ? » alors là il n'en a aucune idée, il sèche. Il regrette déjà d'en avoir parlé à Elsa, de son Projet Secret, il aurait mieux fait de se le garder pour lui. Désormais ce n'est plus un secret. Ou alors un secret à deux, ce qui n'est pas pareil.

Elsa le regarde en écarquillant les yeux derrière ses lunettes jaune et rouge. Elle a une frange ébouriffée de garçon, mais bien des yeux de filles, grands ouverts et clignant. Elle attend une réponse.

ARTHUR – Euh… Ben… Tu te souviens de l'auteure qui est venue dans notre classe ? Elle a dit : « Tout le monde peut écrire un livre. Simplement, tout le monde ne s'y met pas. » Moi, je vais m'y mettre. Même si c'est difficile.

ELSA – Tout le monde peut, tout le monde peut… ça ne veut pas dire que tout le monde doit le faire. Et surtout ça ne me dit pas pourquoi toi, tu veux.

ARTHUR – Euh… oui, eh ben moi, je veux, parce que j'ai envie, et voilà.

ELSA – Ce n'est pas une réponse, ça. Mon papa, il appelle ça une tautologie.

Et Elsa renfourne sa sucette dans sa bouche. Elsa sait se montrer extrêmement agaçante quand elle emploie un mot compliqué sans expliquer ce qu'il veut dire, et d'une manière générale chaque fois qu'elle commence une phrase par « Mon papa dit que... ». Arthur est à court d'arguments, et aussi il est déçu. Il espérait un peu plus de chaleur. Un peu plus de points d'exclamation ! Il aurait voulu qu'Elsa, qui est maligne et qui connaît des tas de mots, s'écrie « Mais ! Quelle super idée ! Arthur ! C'est formidable d'écrire un livre ! Je veux t'aider ! Dis, s'il te plaît je peux t'aider ? J'ai très envie de t'aider ! », un peu comme elle aurait dit « Je peux jouer avec toi ? » et l'aurait accompagné en maillot de bain jusqu'à l'échelle du cinq-mètres à la piscine. Alors, Arthur aurait passé la main sur son menton, aurait réfléchi, et lui aurait dit lentement, doucement pour modérer un peu son enthousiasme : « Tu veux participer ? Mouiii... Pourquoi pas... Si tu tiens vraiment à m'aider tu pourrais peut-être m'apporter quelques mots, quelques phrases par-ci et par-là... »

Au lieu de ça il se retrouve à bafouiller, ramolli comme une nouille cuite, accusé de tautologie sans pouvoir se défendre (pour se défendre il faudrait savoir ce que c'est), se demandant comment poursuivre cette conversation. Heureusement, Elsa refait « plop » en ressortant sa sucette, et c'est elle qui enchaîne.

ELSA – Et il va parler de quoi, ton livre ? C'est

bien joli d'avoir « envie et voilà », mais tu vas mettre quoi dedans ?

ARTHUR – Alors ça, je ne peux pas te le dire, c'est un secret.

C'est tellement un secret qu'Arthur lui-même l'ignore. Il n'a pas réfléchi à la question. Mais il en profite pour placer les airs mystérieux et importants qu'il avait un peu préparés afin d'impressionner Elsa. Hélas, c'est peine perdue. Elle le regarde maintenant en secouant la tête comme s'il venait de dire une grosse, grosse bêtise. Arthur se sent bien seul. Alors, par-dessus l'épaule d'Elsa, il regarde le premier quartier presque gibbeux, qui a un peu grossi depuis cette nuit, il se concentre sur la lune, évalue la croissance, il se dit : « Tiens, c'est étrange qu'elle soit là justement pile en face de mes yeux », il pense : « Regarder la lune sur fond bleu clair est toujours un peu bizarre, il est trois heures de l'après-midi. Les gens qui regardent la lune pendant la nuit sont ceux qui se sentent seuls, ça leur fait une veilleuse dans le couloir, mais la chercher en plein jour, quand elle est toute pâle à côté du soleil, il ne faut pas seulement être seul, il faut être spécialiste, ou un peu idiot. »

ELSA – Mais t'es idiot, ou quoi ? Je le sais, que c'est un secret puisque tu m'as annoncé « Je vais te révéler mon Projet Secret ». Sauf que tu n'as rien révélé du tout, là. J'attends. Alors, tu révèles ou tu ne révèles pas ? Tu as peut-être peur que je te pique l'idée et que je l'écrive à ta place ton bouquin ?

ARTHUR – Bon, d'accord, je veux bien te le dire, mais tu le gardes pour toi, hein ? Ça va être un « roman historique », qui racontera la vie d'un roi de France.

Alors là, Arthur n'en croit pas ses oreilles. C'est lui qui vient de dire ça ? D'où est-ce qu'il sort, ce roi de France ? Arthur était certain d'ignorer de quoi parlerait son livre, et finalement, par surprise, il le sait ?

Est-ce qu'au moins ça l'intéresse, écrire un « roman historique » à propos d'un roi de France ? Pas tant que ça. En fait, ça l'intéresse beaucoup moins que, par exemple, l'histoire d'un guetteur indien qui sculpterait des bifaces toute la nuit en surveillant le feu, ou bien l'eau, en tout cas qui serait attentif à chaque remous dans les feuillages et qui sauverait le village en donnant l'alerte. Mais c'est trop tard. Elsa est déjà toute pensive.

ELSA – Un roi de France ? Lequel, il y en a plein ?

ARTHUR – Ah, je t'en prie, ne m'en demande pas plus, je t'en ai déjà trop dit. N'oublie pas que c'est un Projet Secret.

ELSA – Des livres sur les rois de France, je te préviens qu'il en existe déjà des tonnes. Alors qu'il y a plein de gens, pas rois du tout, ni reines ni princes, qui ne sont jamais dans aucun livre. Des discrets, des oubliés. Moi je pense que, s'il reste des livres à écrire, il faudrait le faire plutôt sur ces gens-là. D'où ça t'est venu, cette idée de roi de France ?

ARTHUR – C'est très simple. Rappelle-toi la toute première chose que l'auteure a dite dans notre classe. Elle a dit : « Arthur ? Alors ça, c'est un prénom de roi. » Et ensuite, pendant qu'elle parlait du déclic, de l'idée qui pousse à écrire, moi je l'ai entendu le déclic, c'est comme si une voix en moi me disait : « Arthur ! Arthur ! À toi de jouer ! Avec ton prénom de roi, écris un livre sur un roi de France ! Jette-toi à l'eau Arthur ! Grimpe sur le cinq-mètres, et saute ! »

ELSA – Le cinq-mètres ? Quel cinq-mètres ? Décidément, c'est une drôle d'idée. Et… Tu voudrais que je l'écrive avec toi ? C'est ça que tu voulais me demander ? Je ne dis pas non…

Arthur estime s'être fort bien tiré de cette improvisation périlleuse, et une telle réussite constitue un indéniable encouragement pour quand il se mettra à écrire : oui, il est capable de raconter des histoires en plein jour.

ARTHUR – Tu ne dis pas non… Mais est-ce que tu dis oui ?

ELSA – Hmm… C'est d'accord. Écrivons. Écrivons un roi de France si tu veux, ça ou autre chose. Sauf que moi, contrairement à toi, je sais parfaitement pourquoi je vais le faire. Tu sais quoi ? J'ai envie de lui donner une bonne leçon, à l'auteure. Toi, tu es resté ébloui par son baratin, mais moi, j'ai des doutes. « La preuve que tout le monde peut raconter des histoires c'est que tout le monde rêve la nuit », j'ai trouvé ça limite démagogique. Je suis sûre qu'elle nous a dit « Tout le monde peut écrire un livre, même vous », uniquement pour nous flatter, pour nous mettre dans sa poche. Elle doit penser : « Ah ces enfants, ils sont trop mignons, ils ont envie d'écrire un livre comme ils ont envie de nous faire un spectacle, ou un beau dessin pour la Fête des mères, ils sont pleins de bonne volonté, ça leur passera, ensuite ce sera l'heure du goûter et ils regarderont la télé. » Au fond elle ne peut pas croire sincèrement que des enfants puissent écrire un livre *pour de vrai.*

ARTHUR – Tu… Tu crois ? Elle nous a menti, alors ? Elle ne nous croit pas capables d'écrire ?

ELSA – C'est sûr et certain, voyons ! Sinon, elle aurait trop peur. Imagine : des enfants qui lui volent son boulot ! Qui se mettent à écrire les mêmes livres qu'elle, parce que après son passage ils ont eu une illumination, le déclic et tout, qu'ils se sont mis au travail parce qu'ils ont compris les grosses ficelles qui permettent d'écrire *Le Secret du fantôme perdu* ! Ah c'est sûr elle arrêterait de faire des beaux discours dans les écoles.

ARTHUR – Recopier, tu veux dire ? Ah non, on ne va pas recopier… Recopier en classe, pour avoir une bonne note, je ne dis pas, mais là c'est plus sérieux, un livre…

ELSA – Mais on ferait bien mieux que recopier ! On la battrait, oui. Elle serait moins fière… Lorsque je lui ai posé la question que j'avais préparée sur mon papier : « N'êtes-vous pas fatiguée parfois d'écrire toujours un peu la même histoire ? », j'ai bien vu qu'elle était embarrassée. Alors crois-moi, non seulement on va l'écrire ton roman, mais en plus il sera d'une autre classe que le cent vingt-septième épisode du *Fantôme perdu*.

À cet instant précis, Stan débarque violemment dans la conversation en donnant une petite claque sur la nuque d'Arthur. Ce n'est pas de la méchanceté. Stan a pris l'habitude de lui dire bonjour ainsi depuis que, la semaine dernière, il a appris qu'au Moyen Âge les chevaliers se saluaient de cette façon. Cela s'appelait une « paumée », et c'était une marque de respect, de camaraderie entre héros. Stan aime beaucoup les chevaliers, et aussi le respect, la camaraderie, et les héros en général. Il est spécialiste des héros.

Arthur, lui, se masse la nuque et commence à trouver qu'il serait suffisant de se serrer la main.

Stan porte un survêtement avec capuche, et il serre dans ses deux poings les extrémités du cordon de la capuche, tirant d'un côté puis de l'autre de la coulisse. Cette façon d'agiter les poings devant sa poitrine lui donne un peu l'air d'un boxeur qui s'entraîne.

STAN – Vous faites quoi ? Je peux jouer avec vous ? Vous avez dit quoi, sur le *Fantôme perdu* ? De quel épisode vous parlez ?

ELSA – Désolée, Stan mon vieux, mais tu ne peux pas être de la partie. Arthur et moi, on a un Projet Secret.

STAN – Un Projet Secret ? Sans moi ? C'est hyper trop dégueulasse ! C'est quoi le secret ? Vous êtes amoureux, c'est ça, hein ?

ELSA – Tu en veux un, de secret, Stan ? Tu es un gros crétin. Ne le répète à personne, surtout.

ARTHUR – Écoute, Stan, je peux pas t'en parler maintenant, d'ailleurs tu as entendu la sonnerie, c'est la fin de la récré. Mais après l'école je te dirai, je te jure. Je te jure, Stan. Ce soir, ou à la récré de demain !

Ici, il faut rapporter un événement survenu quelques jours plus tôt. Jusqu'alors, Arthur et Stan étaient assis l'un à côté de l'autre dans la classe, ce qui permettait, en cas d'urgence, de copier afin d'avoir une bonne note, mais surtout, de s'écrire. N'ayant pas le droit de parler alors que justement ils ont toujours des choses à se raconter, ils poursuivaient en silence et noir sur blanc leurs conversations, et même découvraient de nouveaux sujets, en s'écrivant sur des petits bouts de papier qu'ils pliaient en quatre et faisaient glisser latéralement. Et puis patatras, la maîtresse s'en est aperçue, elle a intercepté un papier, l'a déplié, et l'a lu à toute la classe, comme il faut lire, en mettant le ton : « Mon vieux Stan, arrête de dire qu'Elsa est une pimbêche à lunettes parce que c'est même pas vrai. » Tout le monde a ri, sauf Stan, sauf Arthur, et sauf Elsa. Et sauf la maîtresse. Qui a immédiatement séparé les deux garçons : désormais, il y en a un ici et l'autre là, et ils ne peuvent plus se faire passer des petits mots.

Arthur se dit : « C'est curieux : si je ne peux pas lui dire tout de suite qu'on va se mettre à écrire, c'est parce qu'on a arrêté de s'écrire. »

Il prend des airs de conspirateur et du plat de la main lance à Stan des signes d'apaisement ; Elsa regarde Stan avec le sourire de celle qui en sait plus long que les autres et elle jette le bâton de sa sucette dans la poubelle de la cour ; Stan hausse les épaules, tire à deux mains sur le cordon de sa capuche, et boude ; tout le monde se met en rang devant la maîtresse.

Sur ce, Arthur jette un dernier regard à la lune, et rentre en classe.

Mardi
(Jour du second complice)

« Écrire un livre ? Mais tu vas devenir hyper trop riche et tu vas passer à la télé, alors ! »

Stan s'épanouit à cette idée, ses yeux brillent, ses oreilles palpitent, il a ouvert une bouche large comme un coffre-fort, ses mains sont écartées et tendues comme si elles soupesaient un lingot géant. Arthur, lui, lâche un soupir et baisse la tête, il se sent à nouveau bien seul. Et il ne voit même pas la lune. Elle doit être dans son dos.

ARTHUR – Mais non, Stan, ça ne va pas me rapporter d'argent, et je m'en fiche, ce n'est pas pour devenir riche que je veux écrire.

STAN – Quoi ? Mais… alors pourquoi ? Draguer les filles, alors ? Je te préviens, avec un bouquin, tu ne vas réussir à draguer que les filles intellos, genre pimbêche à lunettes. Pas de nom ! Pas de nom ! On se comprend !

Ce n'était peut-être pas une bonne idée après tout de révéler le Projet Secret (de moins en moins Secret) à Stan. Déjà Elsa, il n'était pas sûr qu'elle ait compris l'importance ni du Projet ni du Secret. Avec Stan, c'est pire, parce que Stan comprend toujours, au quart de tour, mais pas forcément ce qu'il faut. Arthur se demande s'il n'aurait pas mieux fait de garder le Secret, secret. Un secret à trois n'est pratiquement plus un secret. Le guetteur indien n'a besoin de personne pour tailler son biface au clair de lune, au contraire, il a besoin de précision, de concentration, de bûches, et d'être tout seul.

D'un autre côté, Arthur se rappelle son rêve, il l'a encore fait cette nuit, les images sont nettes, Elsa et Stan en maillot de bain, ils sont bel et bien à ses côtés pour le grand saut.

Il n'a pas encore commencé, mais il trouve déjà qu'il est très difficile d'écrire un livre.

ARTHUR – Non, ce n'est pas pour draguer non plus, Stan, s'il te plaît, je te parle sérieusement…

STAN – Ben, moi aussi. Franchement, pourquoi veux-tu écrire, dans ce cas ?

Pour quoi faire ? Pour quoi faire ? La question

déjà posée par Elsa ! Décidément ils se sont donné le mot, et le mauvais ! À cela, il ne peut toujours pas répondre. Il va écrire un livre parce qu'il s'est réveillé en sursaut une nuit et qu'il a regardé la lune, qu'il a trouvé qu'elle ressemblait à un biface et qu'il a pensé que des points de suspension seraient plus justes qu'un point d'exclamation ! Voilà ce qui s'est passé ! Il ne peut pas le raconter !

En tout cas il est plus décidé que jamais : il va écrire parce qu'il le doit, qu'il le sent et qu'il en a envie, il n'y a pas d'autre explication à donner, même à ceux qui sont dans le Secret. Il ne s'en était pas rendu compte avant de le dire à Elsa, mais le déclic, il l'a entendu, oui. Il va écrire parce que c'est comme ça, tant pis si c'est une tautologie, pour lui c'est une bonne raison. Désormais, il n'essayera plus de leur expliquer. Ainsi, il conservera tout de même pour lui seul un petit morceau de Secret.

ARTHUR – Non seulement j'ai envie de l'écrire, mais c'est avec vous deux que j'ai envie de le faire. Ce sera comme dans un rêve que j'ai eu plusieurs fois : on est tous les trois en maillot de bain, on s'apprête à faire ensemble quelque chose de difficile, on s'encourage les uns les autres…

STAN – Elle était en bikini, Elsa ? Ça lui va bien, le bikini ? Tu passes de bonnes nuits, toi dis donc, faudra me donner l'adresse de ton marchand de rêves.

ARTHUR – Je crois que ça peut marcher, ça peut m'aider beaucoup, écrire avec vous deux. Avec Elsa, parce qu'elle est forte en mots, elle a les bonnes méthodes… des idées… du sens critique…

STAN – Des lunettes… un bikini…

ARTHUR – Et écrire avec toi, parce que… Heu… Tu es fort en… Voyons… Alors toi, c'est parce que tu, heu, tu as… (Zut j'ai un trou !) Parce que toi mon vieux Stan, tu aaaaaaaaaas…

STAN – Un papier et un stylo ?

ARTHUR – De l'imagination ! Tu es super fort en imagination, tu en débordes, tu démarres toujours à mille à l'heure dès qu'on te propose quelque chose. Quitte à dire n'importe quoi, au moins tu dis quelque chose ! Euh… Non, je veux dire, c'est super, hein !

Stan, finalement flatté que son talent soit en quelque sorte reconnu, se rengorge. Il consent à envisager le travail d'équipe, et se gratte la tête. Comme il porte toujours les cheveux très, très courts, quand il se gratte on voit la peau du crâne le temps d'une vague.

STAN – Et la crâneuse, qu'est-ce qu'elle en dit ? Elle est d'accord ?

ARTHUR – Elsa n'arrête pas de répéter que c'est une drôle d'idée. Elle dit que, vu le nombre de livres qui existent déjà, pour en écrire un de plus il faut des raisons *solides*. Elle est sûre de ses raisons à elle, mais pas vraiment des miennes. Elle dit : « C'est peut-être vrai que tout le monde peut écrire un livre, mais heureusement que tout le monde ne le fait pas, parce que si tout le monde écrivait des livres, il n'y aurait plus personne pour les lire. »

STAN – Elsa réfléchit trop. C'est une mademoiselle Réponse-à-tout.

ARTHUR – Ce ne sont pas ses réponses qui m'enquiquinent. Ce sont ses questions. Parce que maintenant, elle me demande comment je vais m'y prendre « concrètement »…

STAN – « Concrètement ». Encore un mot qu'elle a entendu dans la bouche de son papa chéri. Si c'est un livre hyper trop intello que tu veux écrire, vas-y écris-le avec elle, mais c'est parfaitement exact que personne ne le lira.

ARTHUR – … Comment je vais m'y prendre concrètement pour écrire ce livre. Et je n'en sais rien. Tu as une proposition ?

STAN – Bon, réfléchissons. Il parle de quoi, ton livre, au fait ? C'est quoi, ton idée de départ ? Ce n'est tout de même pas uniquement « Je vais écrire un livre » !

Stan a dit cette phrase en rigolant. Mais comme, sans qu'il s'en doute, elle est très proche de la vérité, elle n'a pas fait rire Arthur.

STAN – Tu vas t'inspirer de quoi ? De la lune ? Toi, tu es fort en lune. J'aime bien quand tu m'expliques les cycles, et tout. Ce serait un bon début d'histoire. Quelqu'un qui changerait de visage tous les vingt-huit jours. Oui, qui disparaîtrait une fois par mois ! Ah ! C'est parti ! Je vois ça d'ici ! Alors, on dirait que…

ARTHUR – Heu… Non, t'emballe pas… Mon roman va parler… d'un roi de France, je crois.

STAN – Un roi ? Ah ! Encore mieux ! J'aime les rois. Qui dit roi, dit chevaliers tout autour. Ça ouvre des perspectives extraordinaires ! Tu m'as embauché pour que j'aie des idées, et voilà, ça vient déjà ! Hop ! Alors, on dirait que le roi, dans sa jeunesse, aurait tué par mégarde un loup sorcier, et la famille du loup lui aurait jeté une malédiction, qui le ferait se transformer en… heu… en clef à molette les nuits de pleine lune (Tu vois ? La lune on s'en sert quand même !), alors en même temps il serait en quête d'un trésor caché, seul moyen de le délivrer de sa malédiction et il se battrait pour défendre son royaume contre des nazis venus de la planète Mercure, mais il imposerait à son armée de chevaliers une trêve à chaque pleine lune parce qu'il ne peut se battre sous la forme d'une clef à molette, et c'est là qu'un baron félon voudrait en profiter pour…

ARTHUR – Oh là ! Oh là ! Tu… Tu vois déjà tout ça ? C'est que… Je pensais plutôt prendre comme base du roman, un *vrai* roi de France…

Genre, un qui a existé, un qui a vécu, qu'on peut vérifier dans les livres d'histoire…

STAN – Ah ? Tiens. Justement c'est dommage, des livres sur les vrais rois de France, il en existe déjà des tonnes.

ARTHUR – Oui, je sais ce que tu vas me dire : « Alors qu'il y a plein de gens qui n'intéressent personne ! C'est sur eux qu'il reste des livres à écrire ! »

STAN – Ah non, je ne t'aurais pas dit ça, non… C'est intéressant une vie de roi, c'est plein d'action, de dangers, de guerres, d'aventures… Les gens qui n'intéressent personne, si tu réfléchis, ce n'est pas pour rien s'ils n'intéressent personne…

ARTHUR – … Eh bien moi justement, je veux m'intéresser à un roi qui n'aurait intéressé personne d'autre avant. Un dont on parlerait à peine dans les livres. Un discret, un oublié, un qui aurait eu un règne plutôt court, que les gens ne connaîtraient pas bien. Tu comprends, je veux faire un livre qui n'existe pas encore, un livre qui manque.

STAN – Pas de soucis, je suis sûr qu'on peut dénicher un roi intéressant mais pas trop, trop célèbre. Tiens ! J'ai trouvé, hop ! On va écrire un roman sur le roi Dagobert, celui avec la culotte à l'envers. Une culotte, ça fait toujours marrer. C'est important, aussi, de se marrer, dans un roman. Alors, on appellera ça *La Culotte du roi*, et on suivra les aventures extraordinaires de cette culotte, victime d'une malédiction jetée par un grand sorcier, et qui fait que, dès qu'on la met, hop ! elle est à l'envers !

ARTHUR – Hm, hm…

STAN – Hein ?

ARTHUR – Je ne suis pas très chaud, pour la culotte.

STAN – Ah ? Tant pis, c'est toi le patron. Mais fais-moi confiance, il faut garder l'idée de la malédiction. J'aime ça, les maudits, moi. Ton roi pas connu, il a peut-être été oublié par les livres à cause d'une malédiction ? Une bonne malédiction, y a rien de mieux, la moitié de l'histoire est déjà écrite.

ARTHUR – Comme le fantôme, dans *Le Mystère du fantôme piégé* ?

STAN – Ah ! Attention avec ça. Si tu veux mon avis, pour écrire un bon livre, le maître mot c'est l'o-ri-gi-na-li-té. Regarde l'auteure : son *Secret du fantôme perdu*, j'ai trouvé ça génial tu sais pourquoi ? Parce que c'était o-ri-gi-nal. Le problème, c'est qu'elle n'aurait jamais dû écrire la suite, *Le Mystère du fantôme piégé*, puis *Le Piège du fantôme mystérieux*, puis *Le Piège du mystère fantomatique*, et ensuite reprendre le même personnage dans la deuxième série, *L'Énigme du spectre enchaîné*. Au bout d'un moment ce n'était plus, mais alors plus du tout original.

ARTHUR – Tu veux dire que tu les as tous lus ?

STAN – Un par un, je les ai réservés à la médiathèque ! Hé, tu te souviens, quand ça a été mon tour de lui lire ma question, je lui ai dit : « Dans l'épisode *Le Piège du donjon maudit*, comment ça se fait que page 117 le fantôme perde son pouvoir de traverser les murs ? » Ce n'était expliqué nulle part et, franchement, j'ai trouvé ça peu professionnel de sa part. Elle pouvait très bien trouver une bonne raison, je ne sais pas moi, ce cachot-là était construit dans une roche extraterrestre (ou nazie) (ou les deux) qui paralysait son pouvoir ! Plus je les lisais les aventures du fantôme, et plus je trouvais que c'était toujours à peu près le même scénario : au début des pauvres gars égarés pénètrent dans son château pour s'abriter de l'orage, alors il leur fait peur pour le principe, parce que c'est son boulot de fantôme et que de toute façon il est maudit alors autant effrayer un peu le monde, mais au fond de lui c'est un brave type et il va leur rendre service à ces égarés, et deux chapitres avant la fin il leur raconte son histoire, comment il a été injustement exécuté au XVe siècle.

ARTHUR – Alors… Toi aussi, tu as envie d'écrire un livre ?

STAN – Pas du tout, juste j'aurais pu lui fournir les idées. Comme les miennes sont hyper trop plus o-ri-gi-nales que les siennes, je lui aurais donné un sacré coup de fouet, moi, à son fantôme enchaîné. Il lui serait arrivé des trucs fabuleux à chaque coup. Hyper trop professionnel, mon pote.

ARTHUR – Ben ! C'est précisément ça que je te demande pour mon livre : donne-moi des idées.

STAN – Une autre que la culotte maudite, mais aussi bonne ? Laisse-moi réfléchir… Ah, je suis pas hyper trop fort en rois de France, mais je connais quand même un truc sur eux : quand l'un d'eux meurt, on crie dans tout le palais : « Le roi est mort ! Vive le roi ! » C'est pas bon, ça ? Eh ben je l'ai pas inventé : c'est vrai. Ça veut dire : « Un roi est mort ! Mais son fils est vivant, et il est roi à sa place ! La chaîne royale n'est pas cassée ! » C'est chouette, hein, rien qu'à prononcer, je vois toute la scène, l'enterrement du vieux, le couronnement du jeune, les chevaliers au garde-à-vous, le baron félon qui attend son heure dans l'ombre… Au loin un sorcier qui jette des malédictions… « Le roi est mort, vive le roi ! » Il faut à tout prix glisser cette phrase dans notre roman. Mais bon, une phrase ne fait pas une histoire… Voilà la sonnerie, on va rentrer, je te promets que je vais y réfléchir pendant toute la leçon. Hé ! Arthur ! Regarde derrière toi, on voit la lune. La vache, elle est cabossée mais presque ronde, la pleine lune sera dans quelques jours, pas plus. J'aime bien ça, regarder la lune en plein jour, moi. Sur fond bleu clair, elle est hyper trop bizarre.

Sur ce, Arthur se prend un sourire sur la figure comme on prend un coup de soleil et il sent son cœur envahi d'un grand espoir, il balance une grande paumée sur l'épaule de Stan qui s'exclame « Ben quoi qu'est-ce que j'ai dit », et agrippe les cordons de son survêtement, tandis qu'un peu plus loin, adossée au poteau du préau, Elsa les observe en tirant sur sa sucette.

Mercredi
(Jour de la documentation – et premier jour de l'écriture du livre)

« Pour écrire un livre, le mieux c'est encore de commencer par le début. »

Méditant cette sentence indiscutable d'Arthur, ses deux complices hochent la tête, Stan en se grattant le crâne, Elsa en enlevant le papier d'emballage d'une sucette ronde rose et violet. Ils sont tous les trois assis autour d'une table de la médiathèque municipale.

L'auteure a dit : « Avant d'écrire, il faut rassembler la documentation. » Ils sont venus ici pour rassembler. Autour d'eux, des livres par murs entiers. Le nombre de livres qui existent déjà, c'est vrai, force le respect. En même temps, s'ils sont là, c'est qu'on a le droit de se servir, les toucher, les ouvrir, les lire, et voilà qui les rend moins intimidants. N'importe qui peut lire des livres, et devenir spécialiste de ce qu'il veut, de la lune ou des rois de France. Il suffit d'aller au-delà du déclic et de se mettre au travail. Ensuite, selon les déclics qu'on a, énumérer les livres jusqu'à ce qu'on ait deviné celui qui manque, et l'écrire.

Arthur a posé devant lui une liasse de feuilles. Celle du dessus est toute blanche, elle attend qu'on lui appose une phrase. Mieux qu'une phrase : un titre. En attendant d'avoir trouvé le titre, Arthur écrit, en bas de la page, le nom de l'auteur : *Par Arthur Fortuis.* Il s'applique. Il a déjà écrit son nom et son prénom de très nombreuses fois, mais là il a l'impression que c'est plus important que d'habitude. Puis il relève la tête.

ARTHUR – Le moment est grave. Nous sommes ici pour choisir le roi de France sur lequel je vais écrire mon roman.

STAN – « Mon » roman, « mon » roman… Si on l'écrit avec toi, il devrait y avoir nos trois noms sur la couverture, pas vrai ?

ELSA – Tiens, pour une fois je suis d'accord avec le crétin. Pourquoi n'y aurait-il pas nos trois noms, Arthur ? Si on écrit et qu'on n'est pas mentionnés, tu sais ce qu'on est ? Des nègres. Je n'ai pas envie d'être un nègre.

STAN – Pourquoi ? T'es raciste ?
ELSA – Mais ! Ça n'a rien à voir !

Arthur est embêté. Il ne peut pas répondre « Vos prénoms n'ont rien à faire sur la couverture parce que vous n'avez pas de prénoms de rois », mais il ne trouve pas d'autre motif.

Elsa aussi est embêtée, de s'être fait traiter de raciste, et Stan lui-même est très vaguement embêté de se retrouver d'accord avec Elsa, même si c'est pour se faire traiter de crétin. Qu'est-ce que c'est embêtant, écrire un livre. Il faut s'entêter.

Arthur se lève, les autres l'imitent, et ils s'en vont tous trois cerner le bureau de la bibliothécaire, un peu comme les spermatozoïdes entourent l'ovule dans un livre de SVT.

ARTHUR – Bonjour madame. On cherche, heu… des livres.

LA BIBLIOTHÉCAIRE – Il y en a. Ça tombe bien. Quel genre de livres voulez-vous ?

ARTHUR – Eh bien… plutôt des livres sur les rois de France. Si possible.

LA BIBLIOTHÉCAIRE – Oui, bien sûr, je vais vous indiquer le rayon « Histoire ».

ARTHUR – Attendez, parce que… C'est un peu spécial. On cherche surtout un livre sur un roi de France que vous n'auriez pas.

LA BIBLIOTHÉCAIRE – Pardon ?

STAN – On veut juste vérifier dans vos rayons les rois que vous avez et ceux que vous n'avez pas ! Désolé, on ne peut pas vous en dire plus, c'est pour un Projet Secret.

ELSA *(souriante)* – Ce que mes camarades tentent maladroitement de vous dire, madame, c'est que nous nous intéressons beaucoup à la généalogie des familles royales françaises, et nous serions curieux, afin d'estimer la popularité relative des différents monarques, mais sans la moindre volonté maligne de relever les lacunes de votre fonds, nous serions curieux, disais-je, de pointer ceux qui font ou ne font pas l'objet d'une monographie.

LA BIBLIOTHÉCAIRE – Ah bon ? Et... c'est l'école qui vous demande ça ?

STAN – Oui !

ARTHUR – Non !

ELSA – Disons qu'il s'agit d'une activité périscolaire.

LA BIBLIOTHÉCAIRE – Ah, mes pauvres enfants, les programme scolaires sont décidément de plus en plus chargés. Vous ne préféreriez pas une bonne BD ? Non ? Bon, voici le rayon. Et si vous ne trouvez pas ce que vous cherchez, vous m'appelez, d'accord ?

ELSA – Merci infiniment.

STAN *(chuchote)* – Hé, Arthur ? Ça veut dire quoi « monographie » ? Elle est pas normale, cette fille, non ? Elle parle hyper trop comme une adulte… Et encore, pas comme l'adulte de n'importe qui…

Et les voilà tous trois immergés dans l'Histoire, manuels et traités, biographies illustrées, galeries de portraits des têtes couronnées. Stan farfouille d'un côté du rayon, ouvrant les livres sur le sol et les feuilletant à quatre pattes, tandis qu'à l'autre extrémité Elsa s'est perchée sur un escabeau afin d'examiner depuis le début, méthodiquement. Elle tapote de l'index chaque tranche de livre, énumère en chantonnant.

ELSA – Louis XIII, Louis XIV, Louis XV, Louis XVI… Certains ont droit à plusieurs tomes. Regarde, Arthur, on est sûrs au moins de ne pas écrire le nôtre sur ceux-là, ce sont des stars : deux *Charlemagne*, deux *François Ier*… Trois *Henri IV*… Deux *Saint Louis*… Et cinq *Louis XIV* ! Il n'y en a que pour lui, ce prétentieux de Roi-Soleil avec son Versailles ! C'est injuste.

ARTHUR – Tu as raison, il n'y a pas que le soleil dans la vie… *(il lâche un soupir)* Hugues Capet… Philippe Auguste… Philippe le Bel… Regarde un peu la tête qu'ils ont en couverture… Tu sais, je repense au « Point sensible » dont parlait l'auteure, le moment où on comprend de quoi parle le livre qu'on écrit, la raison pour laquelle on est concerné justement par ce livre-là, et pas par un autre, tu te souviens ?

ELSA – Et alors ?

ARTHUR – Alors, tous ces rois sont des adultes. Je crois qu'on toucherait plus facilement le « Point sensible » si on choisissait de raconter l'histoire d'un roi qui serait un enfant, on comprendrait mieux ce qu'il pense, ce qui lui arrive.

ELSA *(lisant une quatrième de couverture)* – Louis XIV a été roi à l'âge de cinq ans et demi… On pourrait le comprendre à cet âge-là, mais ensuite les choses se gâtent : il a vieilli sur le trône jusqu'à ses soixante-dix-sept ans.

ARTHUR *(rêveur, il regarde le pantalon d'Elsa qui est à hauteur de ses yeux)* – C'est vieux… Voilà pourquoi il est le titre d'autant de livres… On pourrait écrire *Louis XIV de cinq ans et demi jusqu'à onze ans* ?

ELSA – Non, on a dit : pas de stars, le roi le plus obscur possible… Eh ! Non mais dis donc toi ! Faut pas te gêner ! Pourquoi tu regardes mes fesses comme ça ?

ARTHUR – Hein ? Tes fesses ? *(se retenant de rougir)* Pas du tout ! Je réfléchissais au Point sensible !

ELSA – Tu profites que je suis en hauteur ! Arthur ! Je n'aurais pas cru ça de toi. Déjà que je ne porte que des jeans, pour que les garçons n'aient pas l'idée de lever mes jupes et regarder ma culotte…

STAN *(sautant sur ses pieds)* – Eh ! Pendant que vous papotez, moi je travaille. J'ai dégoté la liste des rois de France. Ils sont tous là, sur la même feuille, de l'an 481 à 1848 ! Il n'y a plus qu'à piocher. C'est rigolo, ils n'ont pas seulement des numéros, ils ont aussi des surnoms : Louis VII le Jeune, « mort à soixante ans passés »... Louis XIV le Grand, « mesurait un mètre soixante-douze »... Philippe II le Magnanime, « commença son règne en persécutant les Juifs puis extermina tous ses ennemis »... Un surnom, c'est utile pour distinguer ceux qui ont le même prénom : Pépin le Bref, père de Charlemagne, à ne pas confondre avec Pépin le Bossu, fils de Charlemagne...

ARTHUR – Pépin le Gibbeux ? Oui, pourquoi pas un gibbeux... Il a vécu vieux, celui-ci ?

STAN – Eh ! J'ai trouvé Dagobert ! Dagobert Ier, né en 604, mort en 639. Dommage, lui n'a pas de surnom. Il faut remédier à ça immédiatement : « Dagobert Ier, la Culotte ». Pas de regret pour l'histoire de la culotte maudite, Arthur, bien vrai ?

ARTHUR – Arrête avec tes histoires de culottes, Stan... Cherche-nous plutôt un roi enfant...

ELSA – Quoi ? Il veut faire de notre roman une histoire de culottes ? Vous vous étiez concertés, ou quoi ?

Manque de chance, Arthur s'est remis à rougir juste à ce moment. Il s'agite en tout sens, sort un livre du rayon puis le range, regarde ailleurs, se gratte ici et là, mais rien à faire, il est rouge. Elsa écarquille les yeux du haut de son escabeau, fixe Arthur en silence, enfin ouvre la bouche et retire sa sucette.

ELSA – Mais tu rougis ? Il rougit ! C'est l'idée de ma culotte hein qui te fait rougir ? Toi, tu es un vrai pervers polymorphe.

Elsa a prononcé cette étrange expression comme un simple compte-rendu, comme si elle avait dit « Toi, tu portes un pull rouge ». Et elle se remet à téter sa sucette. Arthur, lui, étant donné qu'il ne comprend pas ce que cela signifie, rougit de plus belle et regarde autour de lui pour vérifier que personne, dans la médiathèque, ne se rend compte à quel point il n'est qu'un merverfolimorf. Elsa se décide à éclairer sa lanterne.

ELSA – C'est mon papa qui dit que tous les enfants sont des pervers polymorphes, qui s'intéressent à la culotte des filles. Mais franchement, toi je crois que tu es beaucoup plus polymorphe que les autres.

ARTHUR – Oui, bon, euh… ben, c'est pas ça qui nous avance.

STAN – Les gars… Je crois que j'ai déniché le candidat idéal, un enfant avec Point sensible et tout : Louis XVII, 1785-1795, mort à dix ans, en prison. Mort en prison… J'aime ça…

ELSA *(descendant de son escabeau et levant les yeux au ciel)* – « Mort en prison, j'aime ça. » Ce garçon est complètement irresponsable.

ARTHUR – Fais-moi voir ? Oui, pas mal, sauf qu'il n'a pas régné, il n'a jamais été roi. Et puis… Zut, regarde : il y a déjà un livre sur lui. Et même deux : *Vie et Mort de Louis XVII*, et *Louis XVII ou l'énigme du Temple. (Il secoue la tête)* Pas besoin du nôtre.

STAN – Tu es difficile, toi… Bon, on continue à chercher. (Dommage… une « énigme », c'était prometteur…) Ah ! Cette fois j'en tiens un ! Écoutez-moi ça. Un roi de cinq jours : Jean Premier le Posthume. Né le 14 novembre 1316, mort le 19 novembre 1316. Roi officiel, qui a régné toute sa vie, c'est-à-dire les cinq jours… Et… Est-ce qu'un livre existe sur lui ?

ELSA *(inspectant les rayons du haut)* – Nnnnnnnnnon.

ARTHUR *(inspectant les rayons du bas)* – Euh… non.

STAN – Alors c'est dit. On va l'écrire.

Les trois coauteurs, chacun avec plusieurs livres dans les bras, se sont à nouveau assis autour de la table. Arthur immobilise son stylo en l'air et parle.

ARTHUR – Okay… Nous avons choisi notre personnage. Il a vécu très peu de temps, donc nous allons essayer de rassembler le plus grand nombre possible d'informations sur sa courte vie. Chacun de nous trois emprunte des livres, les lit ce soir chez lui, et demain matin à l'école, Réunion secrète pour faire le point sur la documentation. D'accord ?

ELSA – Ça marche.

STAN – Ça roule.

ARTHUR – Premier élément du dossier : heu... son prénom. Il s'appelle Jean. Il faut qu'on se renseigne : pourquoi est-ce qu'il s'appelait Jean ?

STAN – Hein ? Je voyais pas le travail de documentation comme ça. Tu sais pourquoi tu t'appelles Arthur, toi ?

ARTHUR – Ben... Parce que mes parents aimaient ce prénom... Je suppose...

STAN – On peut *supposer* que c'est la même chose pour lui. Non ?

ELSA – Oui, imaginons la scène, le père et la mère qui discutent pendant la grossesse : « Chéri, comment allons-nous l'appeler notre enfant ? », « Chérie, j'avais pensé à Jean, qu'est-ce que tu en penses ? »

ARTHUR – Un roi et une reine, ils s'appellent « Chéri » entre eux ?

ELSA – Ils ne vont pas s'appeler « Votre Altesse ». Utilisons ce que nous voyons autour de nous ! Moi, je me souviens quand mon petit frère est né...

ARTHUR – Très bien ! Ça aussi ça fait partie de la documentation ! De quoi tu te souviens ?

ELSA – Qu'il était dans un cube en verre, tout rouge, les yeux fermés, que la famille autour trouvait qu'il avait le menton de mon père, les oreilles de ma mère, et mon nez pointu à moi, et qu'il avait deux bracelets avec son prénom marqué dessus, un au poignet, un à la cheville, pour qu'on ne le confonde pas avec un autre bébé. Comme si c'était possible de le confondre, avec une pareille tête de portrait de famille.

ARTHUR – Les bracelets pense-bêtes, ça ne peut pas arriver à un roi. Un roi, on ne le confond pas avec un autre bébé, impossible.

ELSA – Et pourquoi pas ? Il n'est pas né avec sa couronne…

ARTHUR – Hmmm… Moi, je vais observer attentivement le ventre gibbeux de ma maman, ce soir… Et écouter les conversations qu'elle a avec Matthieu. Mais le problème, c'est qu'ils ont refusé de demander si c'était un garçon ou une fille, pour garder la surprise. Pour être prêts à tout, ils ont choisi un prénom de chaque, mais ils ne veulent pas dire ce que c'est, ils font des mystères. Ils sont pénibles, les adultes, avec leurs petits secrets.

STAN – Eh ! J'ai une idée de gag ! La maman pourrait dire : « Oh je suis si contente d'accoucher d'un petit garçon ! J'en rêvais ! Je lui donnerai tout ce qu'il voudra ! Il ne manquera de rien ! Il aura une vie merveilleuse ! Il sera heureux comme un roi ! » *(Une seconde de silence)* « Comme un roi ! », c'est rigolo, non ? *(Une seconde de silence)* Vous avez compris la blague, ou quoi ? (*Une seconde de silence)*

ARTHUR – Bon... le prénom, c'était un exemple. L'important, c'est qu'on se documente à la fois dans les livres et dans ce qu'on voit autour de nous.

Arthur saisit son stylo et écrit au beau milieu de la feuille de papier, en grosses lettres : *Jean Premier le Posthume*, dix centimètres plus haut que la ligne qui l'attendait, déjà écrite, au milieu aussi mais un peu plus petit, *par Arthur Fortuis.*

Sur ce, Arthur regarde un instant le résultat, l'équilibre des deux lignes, sourit, retourne la feuille face contre la table, et du plat de la main lisse la feuille suivante, encore blanche.

Jeudi
(Deuxième jour de l'écriture du livre – et jour de la crise de la page blanche)

« J'ai pris une décision : ce livre, je vais l'écrire en cinq jours. »

Arthur attend de voir l'effet produit par sa phrase. L'effet, le voici : Elsa et Stan se regardent l'un l'autre, l'air de se demander : Arthur a jugé bon de nous réunir en grand secret dans les toilettes des garçons juste pour nous annoncer un planning absurde ? Ils étaient censés se retrouver ici pour une réunion de travail, chacun dévoilant aux deux autres les découvertes faites sur le Posthume dans les livres de la médiathèque.

Ils sont tous les trois accrochés à la fontaine

centrale, l'un par les poings, l'autre par le dos, le troisième par la hanche, et, pendant qu'Elsa et Stan se regardent, Arthur jette des regards furtifs vers la porte, pour vérifier qu'aucun garçon poussé par l'envie de faire pipi ne vienne surprendre cette Réunion secrète.

Ensuite Elsa et Stan se retournent vers Arthur et parlent tous les deux en même temps.

ELSA – Cinq jours ? Mais c'est beaucoup trop court ! En cinq jours, tu vas inévitablement bâcler, et ton bouquin ce sera n'importe quoi.

STAN – Cinq jours ? Mais c'est hyper trop long ! En cinq jours, t'as le temps d'en écrire cinq, des bouquins, minimum. Ou même plus, s'ils ne sont pas terribles-terribles.

ARTHUR – Laissez-moi parler ! Je vais écrire ce livre en cinq jours pour trouver le « Point sensible ». Cinq jours c'est court, horriblement court, surtout pour une vie de roi. J'ai réfléchi, et j'ai pensé que, pour mesurer « concrètement » cette rapidité, cette urgence même, il fallait ne pas dépasser cette durée pour raconter sa vie. Nous avons commencé hier… Dimanche soir, le livre sera terminé.

STAN *(perplexe)* – Bon… On continue quand même ? Je croyais qu'on était là pour échanger notre documentation.

ARTHUR – Attends. J'ai pris aussi une décision, au sujet de la documentation.

STAN – Encore une décision ? Je m'attends au pire.

ARTHUR – On n'a pas *vraiment* besoin de documentation.

STAN – Eh ben voilà, c'est le pire. *(Sortant de sa poche et dépliant une feuille noircie de son écriture)* Pourquoi on a pris le temps de recopier tout ça, alors ? Et les conseils de l'auteure ?

ARTHUR – L'auteure n'a pas fait que conseiller de se documenter. Elle a dit aussi : « Parmi mes lecteurs, ceux que je redoute le plus ce sont les historiens, ceux qui vont décortiquer le livre et chercher la faille. » Elle a raison ! Si on écrit pour les historiens, on est un historien soi-même. Et ça ne m'intéresse pas d'être un historien, le livre que je veux écrire c'est pas un documentaire, c'est un roman. Une histoire, pas l'Histoire. Alors hein, la documentation, c'est bien joli pour commencer à discuter, mais ensuite il faut l'oublier un peu ! Si on attend d'avoir toute la documentation sur un sujet, on n'écrira *jamais* !

Arthur a prononcé le dernier mot en tentant de faire vibrer ses cordes vocales, afin de rendre l'idée terrifiante. Stan, lui, fait « Pffffff… », laisse pendre au bout de son bras la feuille dépliée, regarde Elsa qui fait la moue en sortant de sa poche une sucette (aujourd'hui, elle est vert et blanc), et enfin il se met à parler.

STAN – Écoute, Arthur. Ce n'est pas que je veuille quitter le Projet Secret, mais…

ELSA – On appelle ça une prétérition.

STAN – Toi l'intello j't'ai pas sonnée. Je ne veux pas te faire de peine, Arthur, mais je crois que tu prends ce roi Posthume et son Point sensible un peu trop à cœur. Déjà, te fier à un rêve sous prétexte qu'Elsa est en bikini… Mais en plus, ta décision de vivre à la vitesse de ton héros, toute l'histoire en cinq jours, franchement c'est des chichis, je vois pas l'intérêt, ce n'est pas ça qui va rendre ton livre ni plus intéressant ni plus original. Moi, je suis prêt à t'aider, c'est même moi qui te l'ai trouvé, ton Jean Premier, mais l'écriture en cinq jours pour le concrètement et tout, c'est pas mon truc. Depuis que tu as commencé à parler de livres, avant-hier, je me suis mis à réfléchir de mon côté…

ELSA – Inespéré : il réfléchit. En soi, c'est une bonne nouvelle. Arthur, c'est quoi cette histoire de bikini ?

STAN – … je me suis dit que moi aussi je pourrais avoir un Projet Secret de livre, rien qu'à moi, mais vous pourriez m'aider, et depuis ce moment mon cerveau carbure à mille à l'heure, j'ai plein, plein d'idées pour plein de livres, au moins sur ce point tu avais raison, de l'imagination j'en ai. Par exemple : il m'est venu l'idée d'une école de sorcellerie, où tout le monde serait sorcier, élèves et professeurs, et alors on suivrait les aventures de trois bons copains, un peu comme nous, vous voyez : deux garçons sympas, et une fille, genre hyper trop forte en classe, genre pimbêche intello un peu, et l'un des deux garçons, le héros, il serait tout le temps, mais alors *tout le temps* en danger, tu vois ? Parce qu'il traînerait depuis tout bébé un secret terrible, comme une bénédiction et à la fois une malédiction, et alors…

ELSA – Stop ! Stan mon vieux, si tu écris ça, tu vas te retrouver avec un procès pour plagiat aux fesses. Est-ce que tu sais seulement ce que c'est un procès pour plagiat ?

STAN – Si je ne sais pas, je peux toujours aller demander à ton papa chéri… Bon, c'est vrai, pour l'école de sorciers avec les deux copains et la pimbêche, c'est râpé, quelqu'un m'a piqué l'idée avant même qu'elle me vienne. Mais c'est pas grave, j'en ai plein d'autres. Moi j'ai envie d'écrire des histoires de vampires nazis, de loups-garous mutants, de trolls et de monstres mercuriens, et de chevaliers hyper trop courageux et loyaux mais maudits quand même, et un peu détectives privés en même temps, qui volatilisent toute cette racaille pour accomplir leur destin à coups d'épée à double tranchant, tu vois un peu ?

ELSA – Misère. C'est pas que je m'ennuie de vous voir accomplir votre destin contre des vampires nazis, mais moi, je vais y aller, hein. Je n'aimerais pas qu'on me surprenne en train de comploter dans les toilettes des garçons, avec deux pervers polymorphes. Dont un complètement maudit. Arthur, à l'occasion j'aimerais bien que tu m'expliques cette histoire de bikini. Mais auparavant…

Elsa regarde derrière elle, observe un petit de CE1 qui vient d'entrer en courant dans les toilettes, en ouvrant déjà sa braguette, et qui s'interrompt d'un coup, intimidé par ce trio de grands. Puis elle se penche d'un air grave vers Arthur. Celui-ci avale sa salive, il se doute qu'un autre problème est en train de pointer son nez.

ELSA – Arthur… Puisqu'on en est là, j'ai aussi quelque chose à t'annoncer… Ce n'est pas que je veuille, moi non plus, me retirer du Projet Secret…

STAN – Comment t'as dit qu'on appelait ça, déjà ? Une déperdition ?

ELSA – … Mais, j'ai beau y réfléchir par tous les côtés, cette histoire de roi de France ne m'intéresse qu'à moitié. Supposons que, moi aussi, j'aie envie d'écrire un livre. Eh bien il serait sur des gens normaux, pas couronnés, qui vivraient dans un appartement et pas dans un palais. Plutôt qu'un roi pour héros, je verrais bien quelqu'un avec un métier simple, un métier que tout le monde peut faire… Je ne sais pas, moi, menuisier par exemple… Je montrerais un menuisier dans sa vie de tous les jours… Il planterait des clous…

STAN – Parce que tu connais davantage de menuisiers que de rois, toi ?

ELSA – Euh… Non, je ne connais pas de menuisiers non plus. Mais c'était un exemple ! Des gens qui vivraient ici, maintenant, à côté de nous, comme nous… Là, je te garantis que le « Point sensible » serait tout trouvé : des personnages qui nous ressemblent, forcément on s'intéresserait à eux.

STAN – Ouais. Genre : tu écrirais un livre sur toi-même. Ça passionnerait qui, ton autobiographie ? Tiens, je te suggère gratos un titre : *Papa m'a dit, ou les Mémoires d'une pimbêche à lunettes.*

ELSA – Et pourquoi pas ? Je pourrais très bien partir de ce qui m'arrive à moi, pour ensuite parler de tas d'autres choses ! De l'école, de mon immeuble, de ma famille, de mes voisins… De ma ville, de mon pays, de toute ma planète… Tiens, même de toi, Stan, puisque tu es devant mes yeux. (Ah ! Tu serais pas déçu du voyage, tiens.) De choses *vraies*, en tout cas ! Tu n'es pas fatigué, parfois, de tes hordes de nazis extraterrestres ? Tu n'as jamais eu envie de grandir ? C'est des habitants de la Terre qu'il faut parler, pas des Mercuriens !

STAN – Oh là là ! Qu'est-ce que c'est enquiquinant les filles qui se la jouent « Nous on est mûres vachement plus tôt que les garçons, d'ailleurs vous avez vu on a les bouts des seins qui poussent, c'est dire si on est malignes ».

ARTHUR *(redoutant, vu la tournure de la conversation, que l'on réaborde la question de la culotte)* – Arrêtez, s'il vous plaît ! Arrêtez de vous chamailler. Justement, ce que vous venez de dire tombe pile. J'ai pris une décision.

ELSA et STAN *(ensemble)* – Encore ?

ARTHUR – Finalement, ce *Jean Premier* je vais le signer seulement avec mon nom. Parce que pour écrire un livre, vous le voyez bien, il faut un seul preneur de décisions.

STAN – Et c'est vrai que c'est toi qui as le plus l'habitude.

ARTHUR – Mais attention, vous restez dans le Projet Secret ! C'est moi qui écris, mais vous m'aidez, vous me donnez votre avis. Stan mon vieux, de ton côté tu peux écrire tes propres histoires de vampires et de chevaliers, je suis sûr qu'elles seront extraordinaires, et toi Elsa tu peux écrire tant que tu veux tes histoires sur toi-même…

STAN – Tiens, je t'offre une autre idée, pour le deuxième tome : *J'ai les bouts des seins qui poussent, ou Comment entrer dans un bikini.*

ARTHUR – Ce que je veux dire, c'est qu'un livre doit avoir *un* auteur, et donc *une* signature. Chacun de nous trois signera le livre qu'il voudra… en ce qui me concerne, ce sera *le Posthume*... Mais l'aide des deux autres est indispensable.

ELSA *(pointant son pouce gauche vers Stan)* – Moi, j'ai pas besoin du crétin !

STAN *(pointant son pouce droit vers Elsa)* – Moi, j'ai pas besoin de la peste !

ARTHUR – Et moi, j'ai besoin de vous deux ! J'ai besoin de vos conseils, de votre documentation, de vos idées. Ensuite c'est moi qui vous aiderai, autant que je pourrai, pour vos livres à vous. En attendant, je n'ai que cinq jours pour écrire *le Posthume*, vous imaginez ? En plus avec tout ça, aujourd'hui deuxième jour d'écriture, je n'ai pratiquement pas écrit une seule ligne ! J'ai traversé une vraie crise de la page blanche. Alors maintenant, vous arrêtez de vous disputer et on se met au boulot, d'accord ?

Le moment de crise semble passé. On entend un robinet qui coule. À présent, chacun des deux complices semble prêt à dévoiler le fruit de ses recherches. Stan de bonne grâce redéplie sa feuille.

STAN – Alors... notre ami Jean Premier le Posthume, roi de France et de Navarre. Déjà, c'était rare un roi de France et de Navarre qui s'appelait Jean...

ELSA – Tellement rare qu'il était le « Premier ».

STAN – D'habitude, les rois de France s'appelaient Louis ou Philippe. (Ou Dagobert si on remonte plus haut.) Le Posthume est donc un original, un très bon point pour lui. Je me suis renseigné sur ses parents : très bonne famille. Son père était roi et sa mère était reine. De France et de Navarre, tous les deux.

ELSA – Sans blagues ? T'as consulté combien de livres pour arriver à cette conclusion ?

STAN – En plus, et ça tu ne le savais pas, grosse maligne, son papa et sa maman étaient cousins. Éloignés d'accord, mais cousins quand même. Son père, Louis X le Hutin, était arrière-petit-fils de Saint Louis, et sa mère, Clémence de Hongrie, était la petite-fille de Charles d'Anjou, frère du même Saint Louis. Tu te rends compte ? C'est comme si moi je me mariais avec ma cousine Laura. Tu la connais ma cousine Laura ? Elle a quatorze ans. (Et entre nous, les seins qui poussent d'Elsa qu'on voit même pas, à côté c'est de la gnognotte, je ne t'en dis pas plus.) À l'époque, à quatorze ans, on se mariait, et de préférence entre cousins pour que la famille reste en famille.

ELSA – Oui, c'est pour ça que les arbres généalogiques de rois sont truffés d'enfants anormaux, des borgnes, des bossus, des idiots. La dégénérescence de la race, on appelle ça. Depuis qu'on a vu ce que ça donnait chez les rois, on n'a plus le droit de se marier avec son cousin. Tu donneras le bonjour à ta cousine Laura.

ARTHUR – Tu crois que c'est de ça qu'il est

mort à cinq jours, le Posthume ? De ses ancêtres qui ont trop cousiné ?

ELSA – Je n'en sais rien. Moi, c'est sur la loi salique que je me suis documentée. C'est peut-être de là que viennent les problèmes de toute sa famille.

STAN – La loi sadique ? Super ! Le roi de France était un monarque cruel et vicieux qui imposait des lois méchantes à ses sujets, c'est ça ? Du coup, le peuple s'est révolté et l'a lynché à l'âge de cinq jours ! Fabuleux !

ELSA – La loi sa-LIQUE, crétin. C'est la loi (dégoûtante et débile, si vous voulez mon avis) qui fait que, en France, la royauté ne se transmet que par les garçons. Si le roi a un fils, ce fils sera roi. Si le roi a une fille, elle ne sera rien du tout.

STAN – Ben, moi je trouve ça tout à fait normal…

ELSA – C'est parce que t'es aussi débile que la loi.

STAN – On n'a jamais vu une fille chevalier ! Ni héros ! Alors, une fille roi, laisse-moi rigoler…

ELSA – Ah oui ? Et Jeanne d'Arc ? Écoute, Arthur, je crois que c'est ça, le « Point sensible » : si l'histoire du Posthume est importante à écrire, c'est parce que sa courte vie est liée à une loi débile et dégoûtante, décidée juste avant qu'il ne naisse, pour empêcher les filles d'être reines.

STAN *(bougon)* – Mais si, elles peuvent être reines : suffit qu'elles épousent un roi.

ELSA – Le Posthume avait une sœur aînée. Quand leur père le Hutin est mort, la grande sœur, en tant qu'aînée, aurait dû être reine, non ? Une grande fille reine, c'était plus logique qu'un bébé même pas encore né et déjà roi ! Eh bien non, la cour a préféré un garçon, un Posthume, qui en est mort cinq jours plus tard. Ce n'est pas pour autant que sa sœur est devenue reine, d'ailleurs. Le roi suivant, c'était le frère du Hutin. Encore des garçons. Toujours des garçons. Y en a que pour eux. Voilà le sujet de ce livre !

STAN – Faut pas exagérer. Non mais oh, c'est pas à toi de décider toute seule le sujet du livre. Le « Point sensible » ça pourrait être aussi bien : « Ne vous mariez jamais avec votre cousine même si vous en avez très envie, parce que ça porte malheur. »

ELSA – Le roi suivant, Philippe le Long, tonton du Posthume, n'a eu que des filles. Bien sûr, aucune ne pouvait être reine ! Alors il a fallu remonter plus haut dans l'arbre généalogique pour trouver un garçon… On a fouillé, on s'est beaucoup disputé, entre-tué… Résultat : la guerre de Cent Ans avec les Anglais ! Oui, mon vieux ! Chez les Anglais, au moins, la fille du roi peut être reine. Alors qu'ici, plutôt que de confier la couronne à une fille, on préfère cent ans de guerre entre garçons !

Arthur est bouche bée. Le règne du Posthume

était tentant à raconter en raison de sa brièveté, mais finalement ce n'est pas parce qu'il est court qu'il est simple. Le Posthume n'est qu'un minuscule fil qui dépasse de l'histoire de France, et voilà qu'en tirant sur ce fil, on détricote la guerre de Cent Ans. Stan, lui, ne voit pas le problème, il est plutôt ravi de la surprise. Il faut vraiment être une fille pour ne pas comprendre qu'une guerre, surtout de cent ans, c'est avant tout une bonne histoire.

ELSA – Ah, et au fait… J'ai demandé à mon papa ce que veut dire le mot « Posthume ». Ça vous intéresse ? Sinon, tant pis, hein, je le garde pour moi…

ARTHUR – Bien sûr que ça nous intéresse !

ELSA – Ça veut dire : « qui apparaît après la mort ».

STAN – Jean Premier, si je comprends bien, est réapparu après sa mort ? Hyper trop bizarre. Ça change tout ! Moi je croyais qu'il n'y aurait pas de fantômes dans notre histoire…

ELSA – Mais non, rien à voir : il est né après la mort de son *auteur*. Enfin, je veux dire de son père. Son papa, Louis X le Hutin, était mort depuis cinq mois quand le Posthume est né, le 14 novembre 1316. Posthume, m'a dit mon papa, s'emploie surtout pour un roman : si notre roman, enfin, ton roman, Arthur, paraît après ta mort, ce sera un « roman posthume », voilà.

ARTHUR – Ben… J'ai pas l'intention de mourir juste pour faire un posthume… Faut quand même pas pousser, avec le « Point sensible »…

ELSA – Tant que j'y étais, je lui ai aussi demandé pour « Hutin ». Ça veut dire : colérique. Pas de chance pour le Posthume, hein ? Son papa était un colérique. C'est moche, un papa en colère.

ARTHUR – Oui, mais bon… D'un autre côté, comme il ne l'a pas connu… C'est une consolation.

ELSA – Mon papa à moi, il ne s'énerve jamais. Il dit : « La colère c'est la démonstration de force des imbéciles. » Une seule fois, je l'ai vu s'énerver, il a commencé à parler un peu trop fort, alors j'ai dit ça, l'air de rien : « Tiens, une démonstration de force d'imbécile. » Ça l'a calmé tout de suite. Très efficace.

ARTHUR – C'est vrai que c'est moche, un papa en colère… Moi, je me souviens que mon papa avait des colères terribles. J'avais peur, j'étais petit, il criait, parfois il renversait quelque chose… Aujourd'hui, je le vois tellement rarement que, quand on est ensemble, il n'ose plus crier… Ça lui donne un drôle d'air, un peu timide…

ELSA – Et le mari de ta mère, il s'énerve, lui ?

ARTHUR – Matthieu ? Ah non, à la maison, Matthieu ne crie jamais, lui non plus. Je crois qu'il en aurait envie des fois, mais qu'il se retient parce qu'il n'est pas mon vrai père. Peut-être qu'il se mettra à crier le jour où mon petit frère ou ma petite sœur sera né(e), quand il se sentira papa pour de bon. *(Après une seconde de réflexion, il ajoute, un peu déçu :)* Mon vrai et mon faux papas ne sont des hutins ni l'un ni l'autre.

Stan ne participe pas à la conversation. Il regarde ailleurs en tirant sur les cordons de son survêtement, il attend que le temps passe. Stan ne parle jamais de son papa. Stan n'a pas de papa. Il fait même mine de quitter les toilettes, et Elsa donne un coup de coude à Arthur pour qu'il s'en rende compte. La Réunion secrète est terminée.

Les trois coauteurs sortent enfin des toilettes des garçons, Elsa en jetant des coups d'œil prudents. Ils ne se précipitent pas pour autant dans la cour, parce qu'il pleut des cordes. Arthur regarde le ciel : il est gris, froid, raturé. Les gouttes voilent et tambourinent. Ce n'est pas aujourd'hui que l'on peut espérer voir la lune, qu'il fasse jour ou nuit. Pourtant elle est là, elle est toujours là, c'est sûr.

STAN – Allez, mon pote ! Au boulot ! Faut lui régler son compte, à cette page blanche !

Sur ce, Stan donne une grande claque dans le dos d'Arthur, une vraie paumée de chevalerie, et Arthur, d'un seul coup, se met à penser aux habitants de la terre en 1316, qui regardaient la lune : ils étaient différents des Terriens d'aujourd'hui, un peu ressemblants bien sûr mais pas identiques, comme un air de cousins, le nez, les oreilles ou la bouche, mais en revanche la lune, elle, était rigoureusement la même, une fois visible, une fois cachée, deux fois gibbeuse dans le mois, et changeante chaque jour.

Vendredi
(Troisième jour de l'écriture du livre – et jour du coup de théâtre)

« Tu sais quoi ? J'ai une hyper trop mauvaise nouvelle. Le Projet Secret est foutu : tu vas devoir recommencer ton livre à zéro. »

Stan a baissé la tête pour que son regard, venant d'en bas, ait quelque chose d'un peu maudit, et il attend de voir l'effet produit sur Arthur par son coup de théâtre. Il agite cette fois-ci une feuille noircie non plus de son écriture, mais des caractères lisses et réguliers d'une imprimante laser. Il éprouve furtivement la tentation de dire : « Écoute, Arthur, je peux pas t'en parler maintenant, d'ailleurs tu as entendu la sonnerie, c'est la fin de la récré, demain ! demain je te dirai, je te jure ! », mais la rancune n'est pas son fort, et de toute façon il a trop envie de raconter immédiatement.

STAN – On a fait une grosse boulette en allant consulter les livres d'histoire de la médiathèque. Les livres, mon pote, c'est la documentation à l'ancienne, pour romans non professionnels. La documentation d'aujourd'hui, tu sais comment elle est ? Vir-tu-elle ! Sur le Web ! Les livres savent ce que n'importe qui sait. Alors que le Web, lui, sait ce que tous les gens… mais tous les gens *un par un*, savent. Y compris les secrets, les mystères, les énigmes ! Le Web est le paradis des mystères. Si le *Fantôme enchaîné* était un tout petit peu plus original, il serait dans le Web, pas dans son donjon. J'ai fait hier soir ce qu'on aurait dû faire dès le début : j'ai demandé au Web. Je lui ai glissé dans son moteur, comme ça, l'air de rien, « Jean Premier le Posthume »…

ARTHUR – Et qu'est-ce qu'il t'a répondu ?

STAN – Ce qu'il m'a répondu… Mon pote… Accroche-toi à ton stylo… Il m'a répondu exactement trois mille huit cent cinquante-sept liens. J'ai sélectionné, certains n'étaient pas très intéressants, visiblement recopiés sur des livres. Mais d'autres… Oh là là… D'autres… Tu peux pas imaginer…

ARTHUR – Mais raconte, quoi !

STAN – Contrairement à ce que tout le monde et les livres pensent, le Posthume n'est pas du tout mort à cinq jours. Il n'est pas du tout enterré avec son papa le Hutin en l'église de Saint-Denis.

C'est un autre bébé, un usurpateur nommé Gianino de Guccio, qui est mort et qui occupe sa tombe ! Le vrai Posthume est mort hyper trop vieux, à l'âge de quarante-sept ans, en Italie ! Et tu penses bien que là-bas en Italie, personne voulait le croire qu'il était roi de France et de Navarre, les Italiens se moquaient tous de lui : « Ah, voilà ce pauvre vieux fou de quarante-sept ans, ce Gianino qui repique sa crise, qui se prétend roi de France et de Navarre ! »

ARTHUR *(pâlissant)* – Hein ?

STAN – C'est pas une hyper trop bonne histoire, ça ? Autant dire que ton « Point sensible », il peut aller se rhabiller. Plus aucune raison d'écrire ton livre en cinq jours pour ressentir le temps à la vitesse de ton héros. Ou alors tu l'écris en quarante-sept ans, si ça te chante.

ARTHUR – Mais... C'est pas possible !

STAN – Attends, je t'ai pas raconté le plus beau. Le Posthume, les rois qui l'ont précédé, et ceux qui l'ont suivi... Tu sais comment les historiens les appellent, tous les rois de cette famille ? (Les historiens sérieux, hein, ceux du Web.) Ils les appellent les « Rois maudits ». Parce qu'ils ont tous, dans cette branche, régné très peu de temps (record du monde pour le Posthume), et qu'ils ne réussissaient pas à avoir de fils pour prendre la suite. Des maudits ! On est bénis, mon pote ! Je te l'avais bien dit ! Une bonne malédiction et la moitié de l'histoire est écrite.

Stan est fou de joie. Arthur est effondré. Depuis hier, la pluie n'a pas cessé de tomber et tout est détrempé.

STAN – Tu veux des détails ? Imagine le contexte : juin 1316, le Hutin est mort, jeune et en pleine colère, après un règne de seulement un an, et on murmure à la cour qu'il a été assassiné… Sa femme est enceinte d'un bébé qui, *si c'est un garçon*, sera le roi de France. En attendant, ça complote dur autour du trône. À commencer par les deux petits frères du Hutin, qui s'appellent Philippe et Charles comme tout le monde, et qui attendent leur tour, ils se verraient bien rois… si seulement il n'y avait pas ce mioche à naître… Les barons, tous plus félons les uns que les autres, espèrent bien que le gros ventre de la reine contient une fille, ce serait plus commode pour lui rectifier le royaume. Manque de bol ! Le 14 novembre Clémence accouche, c'est un garçon. Ni une ni deux, ils décident de s'en débarrasser. *(Il regarde à gauche, à droite, puis chuchote)* Un peu de poison dans le petit pot pour ses cinq jours, et on n'en parle plus.

ARTHUR *(mettant sa main devant la bouche)* – Empoisonné ? Le bébé ?

STAN – Attends ! Je raconte ! Le Posthume avait une nourrice (tu sais ce que c'est une nourrice ? Une maman avec des seins assez gros pour nourrir plusieurs bébés à la fois), et cette nourrice avait un bébé du même âge que le Posthume. Un bébé italien : Gianino. Le Posthume et Gianino étaient « frères de lait », un sein chacun, tu commences à comprendre ? Par mesure de précaution, on fait l'échange entre les deux frères de lait, ni vu ni connu d'un sein à l'autre, c'est sur la tête de l'Italien qu'on pose une couronne... Résultat, c'est lui que les barons empoisonnent, et c'est lui qui est enterré à Saint-Denis avec le Hutin !

ARTHUR – Mais... Comment on a pu les confondre ? Un roi avec un... un Italien ?

STAN – Pas de bracelets aux chevilles, mon pote.

ARTHUR – Et le vrai Posthume, alors ?

STAN – Le vrai Posthume, pendant ce temps, s'enfuyait en Italie, avec sa nourrice qui l'appelait « Gianino », qui lui disait « Mon fils chéri ! Tu es italien et pas roi du tout » ! Une fois devenu vieux, il a découvert la vérité, il a voulu lever une armée de chevaliers pour reconquérir son trône de France et de Navarre, mais personne ne le croyait, tout le monde se moquait de lui. Et voilà : à quarante-sept ans, il meurt pour de bon, de chagrin ! Qu'est-ce que t'en penses ?

ARTHUR *(incapable de parler)* – ...

STAN – Tu sais quoi ? On tient le meilleur livre du monde. Tout ce qu'il faut est dedans.

ELSA – Mon papa, il dit qu'Internet, c'est un ramassis de rumeurs, potins et pièges à gogos. Si tu écoutes ce que te raconte Internet, tu finis par croire que la lune est un gros fromage vert, que des alligators se promènent dans tes égouts, que les Américains ont balancé eux-mêmes des avions sur leurs tours, que ta vie sera meilleure si tu achètes un diplôme ou un médicament, ou que les vampires mercuriens ont envahi la Terre et qu'ils organisent des Réunions secrètes dans les toilettes des garçons. Bref, si tu te documentes sur Internet, tu finis irrémédiablement crétin.

STAN – Elsa ? Qu'est-ce que tu fais là ?

Tiens ? Elsa ? C'est vrai, ça, qu'est-ce qu'elle fait là ? Ainsi, elle écoutait la conversation, cachée derrière le pilier de la cour ? Elle vient de surgir hors de sa cachette, une sucette rouge et bleu à la main.

ELSA – Arthur, si tu gobes cette histoire de substitution de bébés, alors autant écrire dans ton livre que ce sont des vampires nazis qui ont fait le coup.

ARTHUR – Je... je t'avoue que je ne sais plus quoi penser...

STAN – Mais tu mélanges tout, Elsa ! Tu jettes le bébé de cinq jours avec l'eau du bain ! Mes recherches sont garanties cent pour cent sérieuses, tu peux tout vérifier sur le Web ! Tu n'es qu'une... qu'une... arriérée, Elsa, tu voudrais nous faire retourner à la préhistoire et aux livres ! À la télécommunication par nuages de fumée !

ELSA – Bien sûr qu'on peut tout vérifier sur Internet, y compris les plus gros canulars, les pires ragots du monde. Tous les mensonges sont vrais, là-dedans ! « Internet est un outil à manier avec précaution », c'est mon papa qui l'a dit. Mais ça ne m'empêche pas de m'en servir avec discernement, monsieur. D'ailleurs… Restez là, je reviens…

Et elle s'éclipse, aussi soudainement qu'elle était apparue.

Les deux garçons restés seuls se toisent d'un air soupçonneux et en tordant la bouche.

STAN – Écoute, Arthur. Faisons un compromis. Si tu veux, on oublie le bébé italien et le vieillard de quarante-sept ans qui radote. Ç'aurait pourtant fait une scène finale hyper trop fabuleuse avec des foules de chevaliers au galop, tant pis pour toi. Mais crois-moi, t'es obligé de garder la scène de l'empoisonnement ! T'as qu'à raconter que c'est le Posthume, en personne, qui trépasse… *(Sur le ton de la supplication)* Laisse au moins entendre que ce bébé n'est pas mort à cinq jours tout seul, qu'on l'a un peu aidé… Un peu maudit… C'est un minimum…

ARTHUR *(que l'image des nuages de fumée a conduit à rêvasser au sujet d'un guetteur indien armé d'un biface, et désireux d'ajourner cette question pour recentrer le débat sur les aspects techniques de l'écriture)* – Hmm, on verra... Je vais réfléchir... Mon problème immédiat, là, ce n'est pas encore le dénouement, c'est le premier chapitre.

STAN *(lâchant un soupir de découragement)* – Ah oui ?

ARTHUR – Surtout les dialogues. J'ai du mal à faire discuter mes personnages, je ne suis pas sûr qu'on parlait en 1316 comme je l'écris. Alors je m'en tiens à des conversations les plus simples possible, avec « oui » ou « non ». « Avez-vous accouché, Majesté ? Non. Perdu les eaux ? Non. Choisi un prénom pour votre bébé ? Oui. Peut-on savoir ? Non. »

STAN *(retrouvant son enthousiasme sur ce nouveau sujet)* – Bah... Au temps des chevaliers, on ne disait pas « oui » ou « non ». On disait « si fait » ou « que néni ». Et... tu as pensé aux gros mots ?

ARTHUR – Quoi, les gros mots ?

STAN – En 1316, on ne disait pas « merde » ou « putain ». Un chevalier ne dirait pas d'*aussi* gros mots. Il dirait « peste » ou « diantre ».

ARTHUR – Ah oui ? Tant mieux, ça m'arrange. Parce que « merde », le dire à voix haute d'accord, mais de là à l'écrire dans un livre, je n'avais pas très envie...

STAN – Par exemple, tu diras : « Ah, peste

alors, je me suis envoyé un coup de marteau sur le doigt. »

ARTHUR – Attends, attends… Dans la vérité historique, il faut *tout* vérifier. Es-tu sûr que le *marteau* existait, en 1316 ?

STAN – Heu… Le marteau oui, pas de soucis. Souviens-toi les Romains et Jésus. (Eh oui, mon pote, faut des repères !) Mais la clef à molette, c'est sûr que non. Tu comprends le truc ? Tu traduis « Merde, ma clef à molette » par « Peste, mon marteau », mais au fond c'est pareil, la même situation, imagine le gars très ennuyé parce que son outil va de traviole. Se louper dans la bricole, c'est hyper trop énervant, à tous les siècles.

ARTHUR – Qu'est-ce que c'est compliqué d'écrire un livre…

STAN – Et pour les fringues, idem. À toutes les époques les gens portent quelque chose sur le dos pour ne pas avoir froid ni être vus à poil, mais à partir de cette règle de base, les variations sont infinies. Tu les connais, toi, les fringues de 1316 ?

ARTHUR – Ben non. Mais à cinq jours, il ne devait pas être très, très habillé, le Posthume.

STAN – Rhââ, peu importe ! Tu dois penser aux personnages secondaires ! Aux figurants, aux chevaliers ! Ce serait grave si tu leur mettais des vêtements d'aujourd'hui, genre une paire de jeans. En 1316, on portait une « cotte de soie brodée d'or et de menu-vair ».

ARTHUR – Ah oui ? Et ça ressemble à quoi ?

STAN – Aucune idée. J'ai trouvé ça par hasard sur un site Web. En tout cas, mon pote, ça fait d'époque. Rien que prononcer ces mots et hop, on est à la cour du roi Hutin : « Il portait ce jour-là une cotte de soie brodée d'or et de menuvair »… Voilà ce que c'est, le travail de documentation : tu ne réfléchis pas, tu recopies, et tu te laisses porter ! Avec le Web, rien de plus simple : « copier », « coller », et ton bouquin s'écrit tout seul. *(Avisant les notes qu'Arthur prend, debout, sur son cahier de textes calé dans sa paume, il compare avec sa propre feuille imprimée)* Tu ferais mieux de l'écrire sur ordi, ton roman. Regarde comme c'est hyper trop classe. Le mien c'est sûr, il sera sur ordi… *(Rêve tout haut)* Tiens, à propos de jeans… Je n'ai jamais vu la pimbêche à lunettes habillée dans autre chose, jamais de jupe ou de robe. D'après toi, elle a des culottes de quelle couleur ?

ARTHUR *(refermant son cahier de textes)* – C'est fini oui, tes perverpolimorpheries ? T'étais pourtant bien parti, là.

Arthur tente de se concentrer et, tâche plus délicate, de concentrer Stan. Il est perplexe sur le principe de recopier la documentation « sans réfléchir ». Autant, copier sur son voisin de classe pour ne pas avoir une mauvaise note, Arthur ne trouve pas cela très grave (du moins… si on ne le fait pas trop souvent… Uniquement dans les situations de grand danger, disons…), autant le recopiage d'un livre pour en écrire un autre lui semble malhonnête. Il se demande si l'auteure, qui a tant recommandé de se documenter, copiait sur ses voisins de classe quand elle allait à l'école.

Mais d'un seul coup lui revient en tête le rêve qu'il a fait cette nuit. Une version inédite. Cette fois, il faisait nuit. Elsa et Stan étaient habillés, mais on aurait dit des déguisements. Stan portait une armure de fer, avec glaive et heaume à visière fermé au moyen de deux cordons qui pendouillaient, et Elsa était en robe et longue traîne. Il semble à Arthur que cela leur allait très bien à tous les deux. Quant à Arthur, il était le seul encore en maillot de bain, il grelottait, il comprenait qu'il serait seul à sauter, et droit devant il regardait la lune froide. Alors Stan lui a donné une grande claque dans le dos.

STAN *(réfléchissant à voix haute)* – Si les barons félons voulaient la peau des Rois maudits… s'ils se sont obstinés à les zigouiller un par un… ils avaient peut-être des bonnes raisons. Avant de les faire parler d'époque tes personnages, tu dois deviner ce qu'ils pensaient les uns des autres. Le roi était-il aimé, en ce temps-là ? La question est de savoir si le roi était un bon roi, fort mais juste, à qui on a donné un surnom sympa, ou si c'était un mauvais roi, un bon à rien, avare, cruel, à qui on a donné un surnom pourri pour l'éternité. Genre Charles V dit « le Sage », 1338-1380, ou bien genre Louis V dit « le Fainéant », 967-987.

ELSA *(qui revient, une feuille dans la main, et qui saute immédiatement dans la conversation)* – Non. La question est de savoir si le peuple a supporté gentiment que le roi, quel qu'il soit, lui donne des ordres assis sur son trône, ou si tout bien réfléchi il lui a coupé la tête. Un point, c'est tout. Et ce n'est pas en apprenant par cœur des dates trouvées sur Internet, Stan mon vieux, qu'on écrit un livre. Les dates par cœur, c'est bon pour jouer au Loto.

ARTHUR – De toute façon, des rois à qui on a coupé la tête, il n'y en a qu'un…

STAN – Louis XVI dit « le Boulanger », dit « le Citoyen Capet », dit « Monsieur Veto », dit « le Roi Martyr », dit « le Restaurateur de la liberté », 1754-1793. On lui a peut-être coupé la tête, mais c'est lui qui a le plus de surnoms. C'est une compensation… *Des surnoms à la place de la tête.* Ça ferait un bon titre si tu écrivais un livre sur Louis XVI. Au fait, redis-moi le titre de ton roman sur Jean Premier le Posthume ?

ARTHUR – Ben… *Jean Premier le Posthume.*

STAN – Ah. Oui. C'est sobre. Pas hyper trop vendeur, finalement. Et si tu l'appelais *La Malédiction de Jean Premier le Posthume* ?

ELSA – Ah, fous-nous la paix avec Internet,

Stan. Au fait *(elle brandit à son tour son papier)*, figure-toi que je sais m'en servir d'Internet. J'ai surfé, moi aussi, et moi au moins j'ai trouvé des renseignements utiles.

ARTHUR – Ah oui ?

ELSA – Un bébé, à la naissance, pèse trois kilos trois cent cinquante grammes, et mesure cinquante centimètres et demi.

ARTHUR – *Tous* les bébés pèsent ça ? Mesurent ça ?

ELSA – Euh… C'est une moyenne. Mais vu qu'on ne connaît pas les chiffres du Posthume, pourquoi ne pas dire qu'il était pile dans la moyenne ?

STAN – M'ouais… C'est tout ça, tes renseignements utiles ? Un poids approximatif, tu trouves ça plus utile qu'une bonne vieille malédiction ?

ELSA *(vexée)* – Tu dis ça parce que t'es vexé.

STAN – Moi ? Pas du tout. On était justement en train de travailler avec Arthur, et franchement on a bien avancé. On met au point les scènes clés. Évidemment, cinq jours, ça ne donne pas beaucoup de matière pour une histoire. Quelle a été sa vie, au Posthume ? Où est l'action, si tu récapitules ? Il est né… Le lendemain, on l'a baptisé, unique fait marquant de sa vie signalé sur la page Web – c'est maigre… Ensuite, les jours suivants, rien de particulier : il a tété… roté… pleuré… dormi… fait pipi et caca…

ELSA – Oh, ça va, tu vas pas faire un chapitre là-dessus.

STAN – Et pourquoi pas ? C'est important, dans la vie d'un bébé, le caca. En plus ça peut être rigolo. N'oublions jamais l'aspect rigolo !

ARTHUR – Il est tout de même le roi de France et de Navarre…

STAN – Et alors, tu crois que le roi de France et de Navarre ne fait jamais caca ? Qu'il ait cinq jours ou quarante-sept ans ? Tout le monde, fait caca. Il faisait peut-être dans une culotte en soie à fleurs de lys, et pas dans une couche en plastique, mais il faisait, c'est certain. Ou alors… *(une étincelle dans les yeux)* Ah ! Si ça se trouve ! Vu qu'il n'y a pas beaucoup d'autres rebondissements, on peut construire le suspense là-dessus : l'état de ses cacas ! Un jour constipé, un jour la colique…

ELSA – Encore une « idée » de ce goût-là, et je quitte le Projet Secret pour de bon.

ARTHUR *(prenant des notes)* – Bon… bref… On peut, pourquoi pas, décrire sa vie quotidienne. L'avantage, c'est que ça n'a pas pu changer énormément depuis 1316. Un bébé, quel que soit le siècle, il pleure, il mange, il rote, il dort, il repleure, il remange, il fait caca, il repleure, on le change, on lui chante une chanson, il s'endort… Notre Posthume passe ainsi le temps, il vit sa vie de bébé-roi pendant cinq jours, et ensuite…

Une seconde de silence.

ARTHUR – Ensuite… Le… 19 novembre…

Dix secondes de silence. Arthur avale sa salive et passe sa langue sur ses lèvres. Elsa enlève ses lunettes et les essuie sur son T-shirt. Stan tire un coup sec sur les cordons de son survêtement, ce qui ressert sa capuche autour de son cou.

ARTHUR – Le 19 novembre, il meurt.

Vingt secondes de silence.

Les trois coauteurs viennent de réaliser que raconter la vie de quelqu'un signifie raconter également sa mort. Or, pour le Posthume, on y vient très, très rapidement.

L'instant d'avant, chacun tâchait en lui-même de s'imaginer le Posthume, dessiner son portrait, l'animer… Chacun a vu des bébés, un petit frère ou un cousin, ou au moins des photos, des films… Chacun a dans la tête une idée de bébé, à projeter tout rond sur notre personnage… Il suffit d'un peu de concentration, et ce personnage prend vie, on le voit, on entend sa voix… Un corps entier qui tient dans nos deux mains timides… Une tête toute fripée et rouge… Une veine bleue sur le front… Des grands yeux stupéfaits, qui peinent à s'ouvrir… Une peau douce et fragile, tendue sur des joues rondes… Sur le crâne, trois cheveux tellement fins qu'ils sont transparents… Des pleurs aigus, et sans larmes… Une bouche et un menton qui s'agitent de haut en bas autour de la tétée… Des mains, des doigts minuscules, boudinés… Des pieds battant dans le vide… Un petit zizi, tout petit… Tiens, c'est un garçon ! Un front qui repose doucement dans le berceau à l'heure des siestes, un pouce dans la bouche, la poitrine qui se soulève, s'abaisse délicatement… Il respire… Il vit… Bref, au moment précis où le Posthume devenait vivant, survenait déjà le 19 novembre, fin de l'histoire.

C'était cela, finalement, le véritable coup de théâtre du jour. Empoisonné ou pas, remplacé ou non, un bébé est mort.

Il est mort pour toujours, il meurt depuis sept siècles.

C'est Elsa qui reprend la parole la première. Normal : Arthur pense à son petit frère (ou sa petite sœur) dans le ventre gibbeux, et Stan pense à son père.

ELSA – Est-ce que tu réalises le nombre de milliers de pages que tu pourrais consacrer à cinq jours d'existence ? Toi qui voulais te simplifier la tâche, sélectionner un sujet modeste, tu peux te mettre tout de suite au boulot, tu as du pain sur la planche ! Il te faudra bien plus de cinq jours, pour écrire cinq jours ! Imagine… Sa première respiration, combien de pages rien que pour elle ?

Il passe brutalement de sa vie dans l'eau, dans le ventre, à la vie dans l'air… Quel choc, la première fois ! Quelle nouveauté ! Et en cinq jours, le nombre incroyable de ses respirations ! Un bébé, ça respire bien plus vite que n'importe qui, et chacune des respirations est nouvelle, différente ! Et les battements de son cœur, et la couleur de ses joues, de ses yeux… Et puis, toutes les choses qu'apprend un bébé les cinq premiers jours de sa vie… Il n'en apprendra plus jamais autant.

ARTHUR et STAN – Hein ? Quoi ?

ELSA – Oui mon vieux, c'est là un des grands principes de l'existence : plus on vieillit, moins on apprend. Au début, tout bébé, on apprend le plus difficile, et qui nous servira le plus longtemps : voir, entendre, goûter, toucher, pleurer, parler… Sentir sa maman… Sa grande sœur… Reconnaître ce qui bouge, et les couleurs… Ensuite, à l'école, on apprend le reste de ce qui est encore un peu utile, lire, écrire, compter… Énumérer les rois de France avec leurs dates de naissance et de mort…

STAN – Se réunir dans les toilettes pour un Projet Secret…

ELSA – Mais une fois qu'on est adulte, c'est terminé, on n'apprend plus grand-chose. À ton avis, pourquoi les adultes regardent le journal de vingt heures ? Pour se donner l'impression d'apprendre quelque chose dans leur journée, tiens. Mais c'est peine perdue : ce qu'ils apprennent au journal de vingt heures, c'est largement moins essentiel que lire, écrire, compter… Ou même pleurer, appris en premier. À vingt heures, il est trop tard pour eux. Ensuite, à la dernière étape, on est devenu vieux, et alors on s'est fait une raison, on ne regarde même plus le journal de vingt heures. C'est parce qu'on est devenu sage. Lorsqu'on est sage, on n'apprend plus du tout, et on dit aux jeunes : « Quand tu auras mon expérience, tu sauras qu'il n'y avait rien à apprendre. » Ça t'en bouche un coin, hein ?

Elsa réfléchit trop. Arthur se demande si elle réfléchira toujours autant quand elle sera adulte, puis vieille. Mais mine de rien, elle a réussi son coup : grâce à elle, Arthur sent que son roman, *Jean Premier le Posthume*, est possible. Il suffit de s'y remettre. Cinq jours de vie, c'est vrai que c'est court. Mais c'est long, aussi.

Quarante-sept ans ne seraient ni plus longs ni plus courts. Tout dépend de ce qui les remplit.

Sur ce, Stan hurle « Le roi est mort ! Vive le roi ! », retournant la moitié des têtes de la cour, et Arthur sent fourmiller les idées dans sa tête, les mots au bout de ses doigts, et il est persuadé que *Jean Premier le Posthume* sera le meilleur roman jamais écrit sur un roi de France, parce qu'il va l'écrire aussi consciencieusement qu'un Indien taille son biface la nuit, surveillant le village et le feu tout ensemble.

Samedi
(Quatrième jour de l'écriture du livre – et jour de l'épreuve)

« Je sais, moi, pourquoi tu veux l'écrire, ce livre. »

Elsa fixe Arthur à travers ses lunettes jaune et rouge. C'est son tour d'attendre l'effet produit. Arthur commence à avoir l'habitude des phrases à effet. Ils sont tous les deux assis devant le bureau d'Arthur, dans sa chambre, juste à côté de la fenêtre au volet roulant. La nuit est déjà tombée. Ce soir, Elsa dort chez Arthur. Ils ont convaincu tous leurs parents que cette invitation était destinée à s'aider pour les devoirs, mais en réalité ils sont occupés à confronter leurs notes sur le Posthume. De toute façon, les parents n'auraient pas dit non, un samedi.

Elsa, pourtant, parlait à l'instant de tout à fait autre chose, elle venait de poser et de résoudre une multiplication compliquée, cinq jours par vingt-quatre heures par soixante minutes par soixante secondes, soit un total de quatre cent trente-deux mille secondes, et d'un seul coup, du coq à l'âne : « Je sais pourquoi. »

Allons, bon : cela faisait longtemps que cette question, « Pourquoi », n'était pas revenue dans la conversation. Aujourd'hui, Elsa prétend le détenir, ce fameux « Pourquoi on écrit un livre ». Arthur après tout est curieux de connaître l'explication d'Elsa, puisque lui n'en a pas. Mais il ne veut pas non plus se montrer exagérément intéressé, alors en mâchant son stylo il se contente d'un :

ARTHUR – Ouais ?

ELSA – Mon papa a dit que, si l'envie soudaine t'est venue d'écrire un livre…

ARTHUR – Mais ? Comment il sait ça, lui là, que j'écris un livre ? T'es obligée de tout raconter à ton papa ? Zut, Elsa, je te rappelle que dans « Projet Secret », il y a le mot « Secret » !

ELSA – … C'est seulement parce que tu cherches un moyen de te rendre intéressant. Vu que ta mère va bientôt accoucher d'un autre enfant, que désormais plus personne ne va te prêter attention, ne saura même que tu existes, tu seras la cinquième roue du carrosse. Écrire est une manière de dire à ta maman : « Regarde-moi, ton futur bébé est un bon à rien, il est incapable lui d'écrire un livre. »

ARTHUR – Hein ? J'avais même pas pensé à ça ! Quel rapport entre le Projet Secret et le bébé qui arrive ? Rien du tout ! Une coïncidence, c'est tout.

ELSA – Alors ça, que tu n'y aies pas pensé, ce serait plutôt une preuve supplémentaire. Les coïncidences, ça n'existe pas. Un bébé tout frais tout rose va prendre ta place, tu en cherches une autre, et tu écris un livre. C'est naturel, tu sais. Moi aussi, quand mon petit frère est né, j'ai été jalouse. Ensuite on s'habitue.

ARTHUR – Naturel ? N'importe quoi. Tu y crois, toi, à cette explication débile ? Enfin, débile, heu, je ne voulais pas traiter ton papa de débile, mais…

ELSA – Ma foi… Pour ne rien te cacher, je t'avoue que ces temps-ci mon papa commence à dire un peu n'importe quoi, je suis assez inquiète. Par exemple il prétend que, si je n'arrête pas de lancer des vannes à Stan, c'est parce que je suis amoureuse de lui. Je ne comprends pas comment on peut sortir une ânerie pareille. Même Internet n'oserait pas. Peut-être que mon papa vieillit et devient gâteux. Je serais très triste si c'était le cas, mais je saurais me montrer courageuse parce que c'est la vie, et le destin des adultes c'est de devenir vieux et gâteux.

ARTHUR – Tu veux dire que… Parfois tu ne crois pas *sur parole* tout ce que te dit ton papa ?

ELSA – Écoute, mon cher Arthur *(elle pose sa main sur l'épaule d'Arthur)*, tu es un grand garçon maintenant, bientôt onze ans, presque un homme. Tôt ou tard, au cours de son cheminement dans la vie, chacun doit apprendre et accepter cette vérité terrible : parfois, les adultes ne nous disent pas la vérité, et l'on doit alors se débrouiller seul.

ARTHUR – Ah ouais. Mais si, toi, tu arrêtes de croire ce que dit ton papa, pile au moment où il te dit que tu es amoureuse de Stan, ça ne serait pas par hasard une « preuve supplémentaire » ?

ELSA – Bon, on se met au boulot, là, oui ?

Elsa tourne la tête d'un geste brusque. Arthur se demande si elle ne serait pas en train de rougir. D'ici il ne la voit que trois quarts dos, son croissant du soir, il ne voit de rouge que ses lunettes. Il pense « Lunettes, ça veut dire petites lunes », mais il dit :

ARTHUR – T'as raison, on oublie, retaillons le biface.

ELSA – Pardon ?

ARTHUR – Je voulais dire : retravaillons le manuscrit. Tu veux que je te lise le début de la version finale ? Enfin, provisoirement finale…

ELSA – Envoie.

Arthur se racle la gorge, jette un œil sur Elsa pour vérifier qu'elle n'est pas déjà en train de se moquer, on ne sait jamais, et se lance.

ARTHUR – « Peste ! Voilà que je me donne un coup de marteau sur le doigt ! » C'est le menuisier du château qui vient de crier ! La reine était enceinte de neuf mois, chacun attendait le signal du lâcher des eaux royales, et lui, le menuisier, était tranquillement en train de fabriquer un berceau ! Il sifflotait à travers les clous qu'il tenait entre ses dents, quand soudain, en entendant les cris d'un bébé nouveau-né, il a sursauté et sa main a glissé…

ELSA – Stop, stop, stop… Ton menuisier, il parle, il sifflote et il mâchouille des clous ? Tout en même temps ? Il a trois bouches ? Il va falloir reprendre tout ça sérieusement, pour le coup ce n'est pas les historiens mais les médecins ORL qui vont nous tomber dessus. Toutefois, je dois reconnaître qu'il y a dans ton début de roman quelque chose de très, très bon.

ARTHUR – Ah oui ? Quoi, quoi ?

ELSA – Le premier mot. « Peste ». C'est vraiment bien trouvé. Je te félicite.

ARTHUR – Hein ? Tu plaisantes.

ELSA – Pas du tout, je t'assure, je trouve ça trèèèèès fort. Souviens-toi de la généalogie : le

Posthume est le fils de Clémence de Hongrie, elle-même fille de Charles Martel d'Anjou, roi de Hongrie. Eh ben tu sais de quoi il est mort, le pépé du Posthume, tout roi de Hongrie qu'il était ?

ARTHUR – Comment je saurais ça ?

ELSA – De la peste ! La peste, Arthur, la pire maladie du Moyen Âge ! Deux générations avant le Posthume, on trouve déjà des morts épouvantables dans sa famille ! Le fait de commencer l'histoire par ce mot annonce que sa lignée est décidément mal barrée, que c'en est presque une tradition. Maudits, en quelque sorte ! Ça ferait plaisir à Stan… Une naissance, normalement, c'est une bonne nouvelle… Mais pas là ! Grâce à ton « Peste », dès la première ligne on a des frissons, on se dit : « Ah, je pressens que ça va très mal finir. » Chapeau, c'est drôlement subtil.

ARTHUR – C'est… c'est ça que j'ai voulu dire, moi ? Dès le premier mot ? Je vais être honnête avec toi, Elsa : je n'ai pas fait exprès.

Ensuite, un moment de silence.

Chacun réfléchit. Elsa pense qu'on ne dit pas toujours ce qu'on veut dire, et qu'on n'a pas toujours voulu dire ce qu'on dit. Elle repense aussi aux moments où elle s'est fait traiter de « peste ». Même Stan, une fois, l'a appelée comme ça. D'un seul coup, elle trouve l'insulte très exagérée. Ceci, elle ne veut pas essayer de le dire.

Arthur, quant à lui, réfléchit surtout au prénom de la mère du Posthume : Clémence. Il trouve que c'est un très beau prénom. Une mère Clémence, voilà qui contrebalance un père colérique. La clémence, c'est pardonner les petites bêtises, c'est la bonté, la générosité, la consolation. Quel dommage que le Posthume n'ait pas eu le temps de connaître sa maman, sa gentillesse et son pardon. Il aurait pu, si seulement il avait vécu plus de cinq jours, faire une ou deux bêtises, oh pas beaucoup, et pas très graves, copier sur ses voisins ou d'autres bricoles, juste le temps de se faire pardonner par sa maman. Arthur le trouve de plus en plus sympathique, ce Posthume, il a désormais une idée assez précise du personnage, les contours s'affirment : il était le fils de deux contraires, la Clémence et la Colère. Arthur, en somme, est très content d'écrire son histoire. Il l'aime bien. Arthur se dit aussi que le « Point sensible » risque fort d'apparaître dans ces moments-là : quand on s'est attaché à son personnage.

ARTHUR – Elsa, il faut que je te raconte l'épreuve que j'ai subie ce matin.

ELSA – L'épreuve ? Quelle épreuve ?

ARTHUR – Voilà... En ce moment, je ne pense qu'au Posthume. Toute la journée, et même toute la nuit. Je me demande ce qu'il serait devenu s'il avait grandi, par exemple, un hutin ou bien un clément ? On ne le saura jamais ! Ça fait pas réfléchir, ça ?

ELSA – Certes.

ARTHUR – Quand je vois un bébé dans la rue, je pense au Posthume. Normal. Mais quand je vois des adultes, je pense aussi au Posthume ! Je les regarde, je me dis : « C'est un homme, il a la belle vie, la loi salique de son côté », ou bien : « C'est une femme, au moins elle ne risque pas l'assassinat pour se faire piquer son royaume. » Quand je vois passer une voiture, je pense au Posthume : « Il n'a jamais connu ça la voiture, il a connu au plus les chars à bœufs. » Quand je regarde comment les gens sont habillés (je ne faisais jamais attention, avant !), je pense au Posthume : « Est-ce qu'il avait des vêtements de cette couleur ? Comment on voit les couleurs à cinq jours ? Et au fait à quoi diable ça ressemble une cotte de soie brodée d'or et de menu-vair ? » Quand je mange mes céréales au petit déjeuner, je pense au Posthume, je me demande si on l'a empoisonné, avec quel poison mélangé dans du lait. Quand ma maman me parle, j'écoute sa voix et je pense au Posthume au lieu de faire attention à ce qu'elle me dit. Quand j'allume la télé, sur n'importe quelle chaîne…

ELSA – Oui, tu peux abréger, j'ai compris le principe. Quel rapport avec une épreuve ?

ARTHUR – Tout à l'heure, après l'école, ma maman m'a emmené acheter des chaussures.

Dans le magasin, elle disait à voix haute : « C'est pas possible de grandir des pieds à une vitesse pareille, il te faut déjà une paire neuve ! » Et moi, je pensais…

ELSA – Au Posthume.

ARTHUR – Je pensais que je grandissais, des pieds et de partout, alors que lui, il n'a jamais grandi, jamais eu de chaussures neuves. Et puis, je me suis souvenu d'une autre chose qu'avait dite l'auteure : lorsqu'un livre est presque mûr, bientôt prêt, on lui fait subir des épreuves.

ELSA – Nous y voilà.

ARTHUR – L'épreuve est en quelque sorte la dernière étape : c'est sur les épreuves qu'on perfectionne son roman, qu'on opère les toutes dernières corrections. Je pensais tellement fort à mon Posthume que j'ai décidé qu'il était mûr et prêt, et je lui ai fait subir une épreuve. Ma maman s'était éloignée pour examiner des chaussons de bébé. Moi j'étais assis sur le banc, j'attachais les lacets d'une paire de baskets neuves, toutes blanches, et un type s'est assis dans mon dos, de l'autre côté du banc, il commençait à enlever ses chaussures. J'ai sauté sur l'occasion. Je me suis redressé, j'ai toussé un peu genre chat dans la gorge, et j'ai dit, très fort pour qu'il m'entende, mais sans le regarder, comme si je parlais juste pour moi : « C'est incroyable, le peu de gens qui savent que le roi le plus court de France s'appelait Jean Premier le Posthume ! Né un samedi, et mort le jeudi suivant ! Sans cesser une seconde d'être le roi de France et de Navarre ! En voilà un épisode du Moyen Âge extrêmement intéressant ! Plus on y pense, et plus on le trouve palpitant ! Et mystérieux ! A-t-il été empoisonné ? Remplacé par un Italien ? Et pourquoi ? Et par qui ? Tout le monde devrait s'intéresser au roi Jean Premier, 1316-1316 ! Fils d'un colérique et d'une Clémence ! Une histoire étrange et triste et surtout, originale ! Ah oui, quelqu'un devrait se décider à écrire un livre sur lui ! Quel roman ça ferait ! » Je parlais de plus en plus fort, tu vois, des gens dans le magasin se retournaient, je sentais que le type dans mon dos avait réagi. Alors j'ai tourné la tête vers lui, en souriant. Il me regardait en soulevant ses sourcils. Il m'a juste dit : « T'as un problème, p'tit ? »

ELSA – Et puis ?

ARTHUR – Et puis, rien. Ma maman est revenue en disant : « C'est toi qui fais ce raffut ? Bon, elles te vont ces baskets ou non ? On se décide parce que j'ai envie de faire pipi », pendant ce temps le type s'est levé pour aller s'asseoir sur un autre banc. On a payé les baskets, on est partis.

ELSA – Ah.

ARTHUR – Ben oui.

ELSA – Tiens.

ARTHUR – Alors ?

ELSA – Alors quoi ?

ARTHUR – Alors qu'est-ce que tu en penses ? C'est bon ou mauvais signe ? Il l'a réussie, l'épreuve, ou pas ?

ELSA – Euh... L'important n'est pas qu'elle soit réussie ou non, c'est qu'elle soit passée... Je crois qu'il avait raison, ce type : t'as un problème. Et, s'il a trouvé que tu faisais trop de bruit, voilà peut-être ce qu'il faut corriger dans l'épreuve : les décibels. Enlève les points d'exclamation. Quatre dans ton premier paragraphe, c'est trop.

Arthur se frappe le front de sa paume et se remémore illico le coup des « frissons ! ». Il raye les quatre points d'exclamation de son premier paragraphe en pensant : « C'était évident. Comment je n'y ai pas pensé tout seul. Je suis tombé dans un piège de débutant. Le Posthume n'a pas besoin de points d'exclamation. On dit les choses, dans un livre, on ne les crie pas, pas besoin de crier si les mots parlent assez fort. » Et il remplace la première exclamation par trois points de suspension.

Toc, toc, toc.

Bien plus tard, quand les lumières sont éteintes, Arthur est couché dans son lit, et Elsa juste à côté, sur le matelas des invités posé par terre. Tous les deux écoutent en silence les bruits de la nuit, la chasse d'eau à cause du bébé toujours plus gros et de la vessie toujours plus comprimée. Arthur n'arrive pas à fermer les yeux.

De toute manière, se dit-il, si c'est pour encore sauter du toit en maillot de bain. Finalement, il demande :

ARTHUR – Tu dors ?

ELSA – Non.

ARTHUR – Moi non plus. Je repense à ce que tu m'as dit. Il m'est venu une idée horrible. Heureusement que tu es là, comme ça je te dis mon idée tout de suite. Si ton papa a raison, et que j'ai pris l'envie d'écrire ce livre à cause du bébé qui va venir quand les eaux seront perdues, alors peut-être que le choix du sujet, le roi posthume, n'est pas innocent non plus. J'ai choisi de raconter l'histoire d'un bébé mort à cinq jours parce que j'ai envie que mon petit frère ou ma petite sœur meure en cinq jours pour que je redevienne le seul enfant ici. Tu crois que c'est ça ?

ELSA – Mais non, qu'est-ce que tu racontes. Comme dirait Stan, tu réfléchis trop. Ne fais pas attention. Je t'ai dit que mon papa était peut-être gâteux, alors. En plus ce n'est même pas toi qui l'as choisi, le Posthume. C'est Stan. Dors.

ARTHUR – N'empêche. Je ne suis pas tranquille. Elsa… Je peux te demander quelque chose de spécial ?

ELSA – Hmmm… Vas-y toujours.

ARTHUR – Tu ne vas pas te moquer de moi ?

ELSA – Mais non, vas-y.

ARTHUR – Tu ne voudrais pas te relever avec moi ? J'ai envie qu'on aille tous les deux à la fenêtre, qu'on lève le volet roulant en faisant le moins de bruit possible, et qu'on cherche ensemble la lune dans le ciel. Juste pour vérifier qu'elle est encore là. Et s'il te plaît, s'il te plaît, Elsa, ne me demande pas pourquoi.

Sur ce, Arthur et Elsa se lèvent pieds nus, lèvent le volet sans bruit, constatent que la lune est bel et bien dans le paysage, qu'il ne lui manque pour être tout à fait ronde qu'un minuscule éclat, un léger aplatissement sur la gauche, et ils restent un petit moment dans cette position, sans parler, attendant les frissons.

Dimanche
(Dernier jour de l'écriture du livre – et jour de l'avant-première)

« Le délai est presque écoulé. D'ici ce soir, ce livre doit être achevé. »

Les deux garçons sont assis l'un à côté de l'autre sur les deux balançoires, en bas de chez Arthur, Stan les deux mains agrippées à ses cordes, Arthur un stylo à la main relisant son manuscrit posé sur ses genoux. Tant qu'à faire, ils se balancent un peu en jouant des mollets, mais sans décoller les pieds. Ils travaillent. Le temps est un peu frais, mais au moins il ne pleut plus. Nous sommes dimanche.

Ce matin, Arthur et Elsa ont pris leur petit déjeuner dans la cuisine, et la maman d'Arthur, assise là caressant son ventre gibbeux, a entrepris avec Elsa une conversation entre filles, elles parlaient de bébés, de vêtements de bébé, de jouets de bébé, d'habits de bébé, de maladies de bébé, et même d'Arthur bébé comme s'il n'était pas là pour entendre. Arthur a beau savoir que ce sont là des détails qui pourraient intéresser le Posthume, il en a eu assez de cette conversation de filles et il a téléphoné à Stan pour lui donner rendez-vous aux balançoires.

STAN – Tiens, voilà le renseignement que tu m'as demandé. Je l'ai trouvé sans problème (je t'avais bien dit qu'on trouve *tout* sur le Web). Je t'ai déniché un site spécialisé sur le ciel, la lune et les étoiles, avec un calendrier perpétuel. Tu lui donnes une date, et il te répond illico quelle tête avait la lune ce jour-là. La lune nouvelle a eu lieu le lundi 16 novembre 1316, pile entre la naissance et la mort du Posthume.

ARTHUR *(écrivant au dos d'une feuille)* – Merci. Je ne sais pas encore si je vais m'en servir, mais je le mets de côté tout de même. Je ne veux rien négliger. Tu sais, je ne l'ai pas tout à fait fini mais il me manque déjà ce Posthume. Je crois que je vais être presque déçu de terminer son livre. Pauvre Posthume. Il n'avait pas demandé à naître. Il est né, et il est mort.

STAN – Quelle différence avec tout le monde ? J'ai pas demandé à naître non plus, moi.

ARTHUR – La différence, c'est que tu as dépassé les cinq jours.

STAN – Oui, mais est-ce que je dépasserai les quarante-sept ans ?

Arthur n'ose pas répondre parce que Stan a posé sa question sur un ton étrangement triste, comme s'il connaissait la réponse, et ensuite il a donné un grand coup de pied sur la terre battue, qui a propulsé sa balançoire un mètre derrière. Sur son élan, il va et vient maintenant, de moins en moins loin de chaque côté, en regardant par terre.

Elsa survient et s'assoit en face d'eux, sur le tourniquet. Elle a son cartable à la main, elle revient de chez Arthur et rentre chez elle. En chemin elle veut bien participer encore un peu.

ELSA – Alors, cet accouchement, c'est pour bientôt ?

ARTHUR – Tu parles du Posthume ou de ma maman ?

ELSA *(fière d'elle, parce que justement elle a posé sa question de façon à laisser planer l'ambiguïté)* – Je parle de notre bébé, bien sûr. Celui qui a deux papas et une maman.

STAN – Le nôtre, au moins, on sait que c'est un garçon…

ELSA – « Et comment allons-nous l'appeler, mes chéris ? J'avais pensé à Jean, qu'en pensez-vous ? »

STAN – Voilà bien les filles. Elle veut jouer à papa-maman, maintenant.

ELSA – C'est toujours moins crétin que de jouer à la guerre. *(Là, Elsa s'en veut un peu d'avoir laissé échapper le mot « crétin ». Elle était décidée à ne plus passer pour une peste.)* À propos, les filles aussi jouent à la guerre, parfois : ce livre manque de filles, je trouve, alors je me suis renseignée sur la grande sœur du Posthume. Elle n'était d'ailleurs pas tout à fait sa sœur, mais sa demi-sœur. Eh ben elle était comme les autres, c'est-à-dire comme les garçons, jalouse, aussi avide de pouvoir que ses cousins : après la mort de son frère, elle aussi se serait bien vue avec la couronne de France sur la tête. Elle a eu un fils, appelé Charles le Mauvais, et avec lui elle a essayé de reconquérir le trône. Elle n'a jamais réussi.

STAN – Charles le Mauvais ? Hyper trop classe, comme nom. Faut le placer absolument.

ARTHUR – Ah non, trop tard, trop tard ! Ça se passe trop longtemps après la mort du Posthume.

Puis les trois coauteurs se lèvent, et tandis qu'ils sortent de l'enclos des jeux, le débat s'oriente vers un autre aspect des finitions : la couverture du livre.

Faut-il l'illustrer ? Dessiner quelque chose ? Un portrait de bébé, par exemple ? Le Posthume a-t-il été jamais peint durant son règne ? Les rois de France en avaient l'habitude... Un portrait officiel existe-t-il ?

ARTHUR – Le Posthume était-il un beau bébé ?

STAN – Un bébé, c'est un bébé. Tous les bébés se ressemblent. On pourrait prendre une photo de bébé, ce n'est pas difficile à trouver... Tu as chez toi des photos de ton petit frère bébé, Elsa ?

ELSA – Qu'est-ce que tu veux en faire ?

STAN – On prend n'importe quelle photo, de n'importe quel bébé, par ordinateur on efface toutes les traces d'aujourd'hui (les bracelets au poignet et à la cheville), on lui colle une couronne sur la tête et un sceptre dans les mains... Et hop, vive le roi, le roman est emballé.

ELSA – Quoi ? Qu'est-ce que tu racontes ? Tous les bébés ne se ressemblent pas ! Moi, par exemple, d'après mon papa, j'étais un bébé particulièrement beau.

STAN – Alors ça, c'est vraiment rarissime. La plupart du temps, les papas trouvent que leur bébé, c'est le plus moche du monde, ils n'en ont jamais vu d'aussi affreux, et parfois ils les jettent discrètement à la poubelle.

ELSA – C'est ça, rigole. N'empêche que « Tous les bébés se ressemblent », tu sais ce que c'est ? Du racisme, mon vieux Stan.

STAN – Hein ?

ELSA – Parfaitement. D'après mon papa, dès qu'on dit « Tous les Arabes se ressemblent » ou

« Tous les Chinois se ressemblent », c'est qu'on est un raciste, incapable de regarder les détails qui font la différence. Tu fais du racisme anti-bébés.

STAN – N'importe quoi ! C'est même le contraire du racisme ! « Tous les bébés se ressemblent », ça veut dire *y compris* les bébés arabes et chinois (et même les Italiens), ça veut dire : tous les bébés ont quelque chose en commun, même toi et moi quand on était bébés. Enfin, toi, finalement, ce n'est pas sûr…

Elsa sent que, malgré ses bonnes résolutions, elle est prête à se hérisser et à balancer quelques méchancetés, alors elle prend une grande respiration et brusquement elle plante là les deux garçons. « Il faut que je rentre, on m'attend chez moi, vous me prévenez demain pour la parution, hein, comme on a dit ? ». Elle tourne les talons et disparaît. Arthur fronce les sourcils. Stan le regarde en écartant les bras d'un air « On va encore dire que c'est de ma faute ».

Les deux garçons se dirigent en silence vers la montée d'Arthur, mais tout de même, au niveau des boîtes aux lettres, Arthur se remet à parler.

ARTHUR – Tu veux que je te dise, Stan mon vieux ? Je me demande parfois si, toutes les vannes que tu envoies à Elsa, ce n'est pas parce que au fond tu es amoureux d'elle.

STAN – Quoi ? Tu débloques à hyper fond ! Et on dit que c'est moi qui ai de l'imagination !

ARTHUR – Le fait que tu te fâches, si tu veux mon avis, c'est plutôt une preuve supplémentaire.

STAN – Ah ouais ? Ben si tu en veux une d'explication, je te la donne, et c'en est une autre. Elsa, je l'aime bien, mais elle me porte sur les nerfs à toujours la ramener avec son papa chéri, mon papa ceci, mon papa cela. Parce que moi, je ne peux rien dire de mon papa, je ne m'en souviens presque pas.

ARTHUR – Ah oui. C'est vrai. Toi, t'as pas de papa.

STAN – Ne dis pas de bêtises. Bien sûr que si, j'ai un papa. Tout le monde a un papa. Le mien, il est mort quand j'étais tout petit. (Plus grand que le Posthume, mais petit quand même.) Mais si je me concentre, j'arrive à me souvenir de son visage, et même de sa voix, de quelques trucs qu'il m'a dits. Dans ma mémoire, il ne parle pas beaucoup. Mais ça, tu vois, je m'en souviens, et je m'en souviendrai toute ma vie. Un jour, je ne sais plus si c'était mon anniversaire ou Noël, j'avais tout déballé et fait un gros caprice parce que je trouvais que je n'avais pas assez de jouets. Là, mon papa ne s'est pas fâché, tu vois, je suppose qu'il n'était pas un hutin non plus, il m'a pris sur ses genoux, et il m'a regardé droit dans les yeux, d'un air que je n'ai plus bougé. Il s'est approché de moi, il a touché ma petite tête avec sa grosse tête, nez contre nez, et il m'a dit très lentement, pour que j'entende toutes les syllabes : « Mon garçon, tu as un jouet mieux que tous les autres jouets, un jouet inusable, incassable, involable. Ce jouet, il est là. » Et il s'est tapoté la tempe avec l'index. Je ne pense pas tous les jours à mon papa, de toute façon je n'ai pas assez de souvenirs différents pour ça. Mais, très souvent, je repense à mon jouet. Et je joue avec. Oui, mon pote.

ARTHUR – C'est curieux, la vie, quand même.

STAN – Qu'est-ce qui est curieux ?

ARTHUR – Elsa, qui ne jure que par son père… Toi, qui n'as qu'un petit souvenir du tien, mais très gros, assez gros pour te tenir chaud toute la vie… Et moi qui, je crois, l'aime bien mon papa, mais qui ne le vois pour ainsi dire jamais parce qu'il est parti loin… Et ce pauvre Posthume, qui est né roi uniquement parce que son papa l'était, et qui est mort cinq jours après, sûrement pour la même raison… Je crois que… Je crois qu'on a trouvé : c'était ça, le « Point sensible ». Je comprends de quoi parle mon livre seulement maintenant que je l'ai presque fini : il parle de quelqu'un qui vit en cinq jours une vie que lui a laissée son papa. Qu'on vive cinq jours ou cent ans, on vit la vie que nous a laissée notre papa.

Arthur est sous l'émotion de ce qu'il vient de dire, de ce qu'il vient de découvrir, là, debout dans le hall, devant les boîtes aux lettres. Le biface, à force d'éclats et d'encoches, est devenu tranchant.

Stan fixe Arthur bouche bée. Une minute de silence recueilli suit cette profonde pensée. Sauf que, Stan ayant de la ressource, cette minute ne dure que huit secondes exactement.

STAN *(levant l'index)* – Et si on... Et si on disait que le Posthume n'était pas mort ? Ni à cinq jours, ni à quarante-sept ans, ni jamais ? Le poison des barons félons aurait finalement eu l'effet contraire (t'inquiète pas, je trouverai une explication professionnelle), et le Posthume serait devenu immortel ! Il aurait presque sept cents ans et une longue barbe et des haillons, et il vivrait comme un clochard dans le local aux poubelles du quartier. Un jour, deux garçons et une fille tombent sur ce pauvre clodo, la fille commence à faire la morale : « Il faut être gentil avec les pauvres gens, blablabla », alors ils discutent le coup avec lui, et de fil en aiguille il leur livre son terrible secret : il est le roi de France et de Navarre incognito ! Il veut refonder un nouvel ordre de chevaliers pour reconquérir son trône, et il compte bien sur les trois enfants pour l'aider ! Qu'est-ce que t'en dis ? Un : pour te faire plaisir, c'est l'histoire du Posthume. Deux : pour faire plaisir à Elsa, ça se passe ici et maintenant. Et trois : pour mon petit plaisir à moi, on rajoute de la chevalerie, des barons félons, des combats glorieux et magnifiques !

Les deux garçons rigolent, se donnent des paumées l'un l'autre, appellent l'ascenseur, et rentrent dans l'appartement.

Dans la cuisine, la maman d'Arthur est toujours assise à table, les yeux dans le vague, une main soutenant la tête et l'autre caressant le ventre. En face d'elle, Matthieu lui fait la conversation. Dans certaines circonstances assez rares, les hommes peuvent être conduits à participer à des conversations de filles (vêtements de bébé, chambre de bébé, nourriture de bébé, etc.).

MAMAN – Alors ? Qu'est-ce que vous complotez encore, les garçons ?

STAN – Bonjour m'dame, bonjour m'sieur. Ce qu'on complote, c'est le plus beau livre du monde. Tout simplement.

ARTHUR – Stan ? On avait dit, on ne lève pas le Secret avant demain, la parution…

STAN – T'inquiète, ils ont quand même droit aux bonnes feuilles en avant-première.

Stan et Arthur parlementent un petit moment à voix basse, Arthur essayant de dissuader Stan (« Tu es fou ! Ce n'est pas prêt, ça n'est encore qu'une version de travail, il reste plein de trucs à corriger ! Et la couverture qui n'est même pas prête ! ») et Stan multipliant les arguments pour faire fléchir Arthur (« Ils seront indulgents pour les coquilles qui restent ! Et puis ça créera un suspense, ils auront envie de lire la suite ! »).

Finalement, Arthur secoue la tête et pousse un soupir : il s'est suffisamment fait prier et il déplie son premier feuillet.

MAMAN – On t'écoute... Vas-y, mon garçon... Lis-nous le plus beau roman du monde...

ARTHUR – Ah-hum... Je vais donc procéder à la lecture du premier chapitre de mon roman...

MATTHIEU *(l'air un peu ailleurs)* – C'est ton premier ? Ah, c'est toujours émouvant, le premier, hein ?...

ARTHUR *(sans relever la remarque)*– « Peste, voilà que je me donne un coup de marteau sur le doigt... » Ainsi parle le menuisier du château. Il était en train de fabriquer un berceau et il sifflotait entre ses dents, quand soudain, en entendant les cris d'un bébé, il a sursauté et sa main a glissé, lui écrasant un ongle...

STAN *(lisant par-dessus l'épaule d'Arthur)* – Il est cool, ton menuisier, tranquille. Il s'éclate un ongle à coup de massue, et il ne crie même pas, il constate juste : « Ah, tiens ? C'est drôle, ça, un doigt en moins, bon, ben il m'en reste neuf. » Je voudrais t'y voir ! Tu crierais pas, toi ?

Pourquoi tu lui mets pas un ou deux points d'exclamation, au moins sur la première phrase ?

ARTHUR *(s'obstine à ne pas relever la remarque)* – … lui écrasant un ongle. Il a poussé un cri et prononcé cette phrase, ce qui fait qu'il a arrêté de siffloter, car il n'a qu'une seule bouche. Quant aux clous, ils sont posés dans une petite boîte à côté de lui. Il est dangereux, et même déconseillé, de tenir les clous serrés entre les dents lorsqu'on bricole, car on ne sait jamais ce qui peut arriver. Il portait ce jour-là une cotte de soie brodée d'or et de menu-vair, et…

STAN – Quoi ? Y a erreur, Arthur, la cotte de soie brodée d'or et de menu-vair c'est pas du tout un vêtement de menuisier, c'est un vêtement pour un roi, un prince, un duc ou un baron.

ARTHUR *(renonçant à ne pas relever les remarques)* – Si tu m'interromps deux fois dès le premier paragraphe, je n'arriverai jamais au bout ! En plus, tu m'as dit que tu ne savais pas à quoi ça ressemble, une cotte de soie brodée d'or et de menu-vair, si ça se trouve ça lui va très bien au menuisier.

STAN – Ah pardon, j'ai dit que je ne savais pas à quoi ça ressemble, mais je sais au moins que c'est trop beau pour un menuisier.

ARTHUR – Et pourquoi pas ? Une fois dans sa vie, porter une cotte de soie brodée d'or et de menu-vair ?

STAN – Hmm… oui, après tout… Peut-être qu'il a économisé sou après sou pour pouvoir s'offrir un jour une cotte de soie brodée d'or et de menu-vair. Il a sacrifié une partie de son travail, de ses meubles, de ses outils, pour pouvoir un jour, un seul jour dans sa vie s'habiller avec luxe. Ah, oui, j'y suis ! Et vu qu'il n'a pas l'habitude de cette sorte de vêtements, il est gêné, tout maladroit, et paf ! Un coup de marteau sur les doigts ! Ça colle. Très bon début.

ARTHUR – C'est peut-être un bon début d'histoire, mais ça devient celle du menuisier. L'histoire qui m'intéresse, ce n'est pas la sienne, c'est celle du Posthume.

STAN – Oah, bon, tant pis pour toi, je t'offre sur un plateau un début d'histoire hyper trop beau, et toi tu n'en veux pas…

ARTHUR – Bon. Je reprends… Il portait ce jour-là, heu, une salopette de menuisier, et…

MAMAN – Les enfants… Les enfants… Ne vous chamaillez pas…

La maman d'Arthur n'a pas l'air de réaliser qu'elle vient à son tour d'interrompre la lecture. D'ailleurs, elle n'a pas l'air d'écouter, non plus. Elle regarde ailleurs, toute tendue, elle serre les dents, et elle est agitée de soubresauts comme des frissons. Soudain elle se fige dans une grimace et se met à crier.

MAMAN – Ah ! Je le savais ! Je le savais !

ARTHUR – Maman ! Si toi aussi tu me coupes…

MAMAN – Je le savais !

ARTHUR – Mais tu savais quoi ? Que le menuisier portait une salopette ? Même moi, je n'en savais rien !

MAMAN – Je savais que c'était pour aujourd'hui ! Le jour de la pleine lune !

ARTHUR – Hein ?

MAMAN – Matthieu ! Arthur ! Stanislas ! Les eaux ! Je perds les eaux ! Matthieu !

Et ses mains se crispent sur son ventre.

Sur ce, Matthieu s'agite en tous sens comme s'il venait d'être électrocuté, enfile son manteau à l'envers, pose celui de la maman d'Arthur sur ses épaules, il agrippe une valise qui était là toute prête dans l'entrée depuis un mois, et tous les deux sortent sur le palier en répétant « Du calme ! Du calme ! » sur un ton de panique extrême, puis une fois dans l'ascenseur, ils s'exclament à coups de points d'exclamation « On file à la clinique ! Les garçons ! Vous êtes sages ! Vous êtes grands ! Pour midi vous réchauffez les restes au micro-ondes ! Vous faites vos devoirs et ensuite vous allez dormir tous les deux chez Stanislas ! Sa maman est au courant ! On ne sait pas quand on rentre ! Allez les garçons ! Arthur on t'aime très fort ! Tu fais attention à ta clef ! Tu es grand ! Tu es sage !

Bonne soirée ! Ne vous couchez pas tard ! », le roman d'Arthur pendouille au bout de son bras comme des points de suspension, et il regarde la flaque sous la chaise.

Lundi
(Jour de la parution)

« Je vais procéder à la lecture de mon roman. »

Arthur tient ses feuilles à deux mains, à la hauteur de son menton. Son auditoire l'écoute en silence.

Arthur laisse un peu durer ce silence. La dernière fois qu'il a lu devant autant de monde, c'était sa question à l'auteure. Il a fait des progrès depuis, il en est certain, mais justement il hésite encore un peu.

Il pense à un épisode de la vie du Posthume, un épisode qu'il a écrit, et qu'il s'apprête à lire, à son heure. Le quatrième jour de son existence, quelques heures à peine avant sa mort, le Posthume a été officiellement présenté au peuple et à la cour, brandi sur sa royale chaise haute, reconnu, et acclamé. « Voici le roi ! » Il s'agit de sa seule apparition publique, le jour de sa parution.

Arthur se racle la gorge, et saute.

ARTHUR – Jean Premier le Posthume. *(Un court silence)* Roman. *(Silence un peu plus long)* Par Arthur Fortuis. *(Silence encore plus long)*

STAN – Qui va bientôt devenir hyper trop riche et passer à la télé, mais qui n'oubliera jamais que c'est moi qui lui ai donné l'idée de ce livre.

ELSA – Stan ! Chhut !

ARTHUR – « Peste, voilà que je me donne un coup de marteau sur le doigt ! » Ainsi parle le menuisier du château. Il était en train de fabriquer un berceau et sifflotait gaiement, quand soudain, en entendant les cris d'un bébé, il a sursauté et sa main a glissé. Un bébé était né ? C'était l'événement que tout le royaume attendait ! Ce bébé de trois kilos trois cent cinquante grammes n'était pas un bébé ordinaire : il était roi de France et ne le savait pas. L'aube se levait sur le samedi 14 novembre 1316, et la lune avait presque disparu : dans deux jours, elle serait nouvelle. Dans cinq jours un croissant renaîtrait...

Ici, j'interromps la lecture du roman d'Arthur Fortuis, qui débute à peine, et je poursuis l'écriture du mien, qui porte pratiquement le même titre, et qui est presque terminé.

La chambre de la clinique est comble. L'auditoire est attentif, concentré, yeux et oreilles rivés sur Arthur, seul debout contre la porte fermée. La maman d'Arthur est allongée sur le lit, en chemise de nuit, et elle tient un bébé immobile contre son sein. Matthieu est assis au bout du lit, tenant la main de la double maman. Sur le côté, assis sur les deux fauteuils gris, Elsa a confortablement croisé ses bras et ses jambes tandis que Stan est raide, retenant son souffle, le dos bien droit, les mains accrochées aux accotoirs comme sur un siège éjectable en plein vol.

Arthur lit consciencieusement l'intégralité de son roman, toutes les cinq pages, recopiées au propre. Il s'applique, ménage des pauses pour regarder le public entre certaines phrases mais pas toutes, il essaie de mettre le ton, comme avec les poésies. Par exemple, la première fois que l'on entend pleurer le Posthume, quand il a faim et qu'il réclame le sein de sa nourrice, Arthur avait écrit « Ouin ! » sur sa feuille. « Ouin ! » est un mot qui s'écrit, mais ne peut pas se lire tel quel. Donc Arthur, lorsque ses yeux parviennent à ce mot, ne dit pas « Ouin ! », il essaie d'imiter, de toute sa voix, de tout son cœur, un bébé qui pleure. Il imite le bébé qui est dans cette pièce, et qu'il a entendu tout à l'heure. Il espère qu'il ne le trahit pas.

Il déroule les cinq chapitres, un par jour de vie du Posthume, et quand arrive la dernière page, une voix dans sa tête lui dit « Déjà ? » parce qu'il est triste que le Posthume doive mourir. Pourtant, il était bien placé pour connaître la fin.

La scène de la mort n'est pas occultée. Le Posthume vomit un peu (afin de laisser planer l'hypothèse de l'empoisonnement), puis sa tête bascule en arrière, sa couronne lui tombe sur les yeux, et il cesse de respirer. Arthur lève les yeux vers sa maman. Il n'ose pas regarder sa petite sœur directement. Mais si elle avait réagi, il l'aurait vue. Elle est calme, au sein, peut-être en train de dormir.

La dernière ligne arrive : « Le roi est mort ! Vive le roi ! », deux points d'exclamation qu'Arthur articule distinctement. Stan trouve ces points d'exclamation hyper trop quelque chose ; Elsa les désapprouve silencieusement ; Arthur, entre-temps, s'est fixé une règle de conduite quant aux points d'exclamation : on peut s'en servir, mais pas trop, et en choisissant soigneusement où on les place.

ARTHUR – Fin.

L'auditoire applaudit, sans trop de bruit, sans faire claquer les paumes, afin de ne pas réveiller la petite sœur.

Elsa et Stan, ensemble mais sans parler, pensent : « C'est bien, il a réussi. Maintenant, on va enfin pouvoir passer aux choses sérieuses : mon roman à moi », et agencent déjà dans un coin de leurs têtes des scènes de la vie dans le quartier, ou sur la planète Mercure.

Puis les commentaires éclatent et se mélangent, avec des rires, et des sourires, c'était bien hein ? Ça manque de filles mais oui c'était pas mal, bravo mon garçon, quelle imagination ! Moi ça ne m'étonne pas, j'ai toujours su qu'il en était capable. On se demande où il est allé chercher tout ça, ah ça c'est moi qui lui ai soufflé l'idée c'est bien trouvé hein ? C'est pas de l'imagination, il a recopié dans d'autres livres, il faut reconnaître qu'il s'est donné du mal, moi je ne la connaissais pas cette histoire de Jean Premier, c'est fou, tu savais ça toi ? Il a été drôlement prudent de nous le lire à haute voix plutôt que de nous le donner par écrit parce que comme ça on ne voit pas les fautes d'orthographe pas vrai ? Ah ah, sacré Arthur, en tout cas il imite hyper trop bien le bébé qui pleure, moi je trouve que ça exprime tout à fait le caractère scandaleusement arbitraire de l'hérédité du pouvoir royal, c'est la vraie histoire ou bien c'est très romancé ? Oh mais c'est un vrai petit écrivain tu verras dans vingt ans il nous décrochera le prix Goncourt, un premier roman c'est toujours plus ou moins autobiographique non ?

Arthur laisse dire.

Il va désormais passer pour un spécialiste de Jean Premier le Posthume, voire des rois de France en général, voire des livres. Et pourtant, malgré ce succès, Arthur ne peut s'empêcher d'éprouver une très bizarre déception, difficile à expliquer.

Son roman est bel et bien ceci, qu'il vient de lire à haute voix, cette suite de mots. Mais il aurait pu, aussi bien, être tout à fait autre chose. Et dans tous les cas, il aurait été différent de l'idée qu'il s'en était faite au départ.

Voilà la seule manière de décrire la déception d'Arthur : son roman est légèrement, oh, très légèrement, moins beau que l'idée qu'il s'en était faite huit jours plus tôt. Il n'est pas le meilleur roman du monde.

Comme s'il était tout seul en pleine nuit, Arthur est traversé par plein d'idées en même temps. Il se pose des questions sur la vérité historique, a-t-il fait de son mieux, peut-on vraiment être « vrai » ou vaut-il mieux réinventer ? Et comment peut-on être sûr de quoi que ce soit de « vrai », à part ce qu'on sent quand on écrit ? Il s'interroge sur la personnalité du Posthume, était-il un bon ou un mauvais roi finalement ? À partir de quel âge est-on bon ou mauvais ? Et comment aurait-il vieilli ? Serait-il allé à l'école ? Aurait-il copié en classe ? Aurait-il eu envie d'écrire des romans ? De faire la guerre ? De regarder la culotte des filles ? Enfin lui vient cette question qui ne l'avait jusqu'alors pas effleuré : comment l'appelait sa maman ? Mon roi, mon Jeannot, mon Thuthume, mon petit Jean ?

Arthur se demande si, finalement, ce ne serait pas les hommes préhistoriques qui taillent des bifaces, et pas les Indiens.

Oh, tant pis. Il est fait, ce roman, à présent.

MAMAN – Allez, viens m'embrasser, mon Tutur.

Arthur bouge enfin. Il s'approche du lit, s'assoit gauchement sur le côté et dépose une bise sur la joue de sa maman, essaye de se blottir dans son cou (elle sent bizarre, elle sent le lait et autre chose), il fait très attention à ne pas s'appuyer sur le bébé. Il se sent encombré, avec ses cinq feuilles à la main. Alors, pour pouvoir vraiment embrasser sa mère, de tous ses bras, il abandonne ses feuilles sur la petite table, parmi les cadeaux que les visiteurs du jour sont venus déposer aux pieds de la nouvelle-née, des brassières, des chaussons, un nounours, un hochet en plastique dur et une girafe qui fait coin-coin.

Sur ce, tandis que loin d'ici la lune mincit du côté droit et s'achemine discrètement vers son prochain quartier, Elsa jette à la poubelle sa sucette, pourtant à peine entamée, d'une pichenette du majeur sur le pouce, en déclarant à Stan qui la regarde ébahi : « J'ai décidé d'arrêter. Mon vieux Stan, un jour ou l'autre il faut parvenir à mater nos dépendances », et elle lui sourit.

Un autre dimanche

« Je vais écrire un autre livre. »

Arthur vient de se réveiller, et il est assis sur son lit. Cette fois-ci il en est sûr, parce qu'il était attentif, il l'a fait exprès : il a prononcé cette phrase à haute voix en écoutant chaque mot dans le noir, « Je vais écrire un autre livre ».

Il se réveille au beau milieu d'un rêve. Il porte un scaphandre, avec casque, bouteille d'oxygène dans le dos et voyants lumineux partout, marchant au ralenti sur le sol de la lune, soulevant la poussière et laissant d'énormes traces de pas rayées. Elsa et Stan sont là aussi, chacun dans son scaphandre, ils font des petits coucous avec leurs grosses mains gantées. Arthur sautille sur fond étoilé, quand soudain il réalise qu'un cratère n'est pas un cratère, c'est une sorte de bouche d'égout ouverte, laissant dépasser l'extrémité d'une échelle en acier. Arthur se demande s'il va oser descendre.

Il se réveille, et il sait ce qui lui reste à faire. Il s'assoit et dit « Je vais écrire un autre livre ».

Il tourne la tête, et voit une ligne de lumière jaune entre le plancher et la porte. Quelqu'un a allumé la veilleuse du couloir. Ce n'est pas le matin, mais, si Arthur s'est réveillé, c'est qu'il y a du bruit dans la maison. Un bébé pleure. Un bébé vieux de huit jours, c'est-à-dire vieux d'abord de cinq jours de phase critique à la clinique, où il a été surveillé, bien dorloté, et ensuite, après avoir survécu à cette première épreuve, vieux de trois jours dans sa nouvelle chambre, juste derrière le mur, là.

Ils peuvent durer longtemps, les pleurs d'un bébé de huit jours au milieu de la nuit. Ce sont des pleurs pas forts du tout, on ne voit pas comment un menuisier pourrait s'écraser les doigts en entendant aussi peu de décibels, mais en revanche ces pleurs sont têtus, réguliers, très aigus mais sans panique particulière, on dirait les miaulements d'un chat qui aurait le nez bouché. Ils ne ressemblent pas aux pleurs d'une vraie personne : ils ne constituent pas forcément le signal que le bébé de huit jours est malade, ou malheureux, ou en danger. C'est juste que maintenant, il est là.

Quoi qu'il en soit, signal d'alarme ou pas, on ne sait jamais, Arthur préfère surveiller, ne dormir toujours que d'un œil, se tenir prêt à toute éventualité. Il se sent comme le brave d'une tribu indienne chargé de veiller sur le fragile papoose. Il veille, de loin, à l'oreille, sur sa petite sœur de huit jours, et il donnera l'alerte à tout le village au moindre bruissement dans les feuillages. Là, elle ne pleure plus, sa maman, leur maman à tous les deux, a dû parvenir à la calmer, la bercer, l'endormir. Elle n'est pas tout à fait la petite sœur d'Arthur. Elle est sa demi-sœur. Mais c'est un bébé entier, et c'est même une petite reine.

Son prénom est Jeanne.

Sur ce, Arthur se demande si son deuxième livre parlera d'un astronaute ou d'un Indien, ou alors tiens pourquoi pas d'un petit garçon qui irait à l'école et qui discuterait avec ses copains, et doucement il s'endort, persuadé qu'il reste réveillé.

Collection Romans

Niveau de lecture : collège

Si même les arbres meurent
de Jeanne Benameur
Dans un couloir d'hôpital, un frère et une sœur attendent... Leur père est dans le coma, entre la vie et la mort. Leur mère est tout entière à sa douleur. L'issue de cette attente insupportable leur apprendra que seul l'amour ne meurt jamais.

L'Inde de Naïta
de Patrice Favaro
Naïta se rend en Inde, retrouver son père qui organise des treks et aide des Tibétains en exil. L'amitié d'un jeune réfugié et la rencontre avec un moine tibétain lui permettront de porter un autre regard sur la vie.

La Vie, en gros
de Mikaël Ollivier
Obésité de catégorie 2... Des mots bien sérieux pour décrire ce qui, chez Benjamin, semblait simplement le signe d'une certaine joie de vivre... Sport, boums, régime... rien n'est simple quand on est gros et que l'on redoute le regard des autres. Et si en plus l'amour s'en mêle !

Fugue en mineure
de Rachel Hausfater
Jeanne a seize ans et demi, porte des jeans et de longues jupes fleuries. Elle veut qu'on l'appelle Jane. En ce début des années soixante-dix, la musique et les livres lui parlent d'une Amérique hippie, où soufflerait un vent de révolte et de liberté. Alors Jane s'enfuit en Californie, affronter son rêve...

Au clair de la Louna
de Kochka
Michka et sa cousine Louna ont le même âge mais ne se sont jamais vues. Louna est autiste. Michka rêve de rencontrer sa cousine sans toutefois imaginer combien la rencontre peut être éprouvante. Il faudra deux années à Michka pour accepter de refaire un bout de route avec Louna, tantôt si proche et tantôt si lointaine...

Avec ou sans celte ?
de Yann Mens
Erwan vit dans un village breton sans histoire. Grâce à un manuscrit, les habitants apprennent que leurs ancêtres étaient de redoutables guerriers celtes. Il n'en faut pas plus pour ranimer la fibre celtique d'une partie de la population. Mais le délire patriotique pourrait mal tourner...

C'est la règle
de Gisèle Pineau
Stéphane a du mal à admettre le divorce de ses parents. Malgré la promesse que rien ne changera, il sait bien que tout va changer.

On l'a prévenu : les femmes divorcées se remarient un jour ou l'autre ! Et quand sa mère lui présente Denis (ou plutôt Denis et sa fille Gina), ce qui bouleverse le plus Stéphane, c'est qu'il est antillais, donc noir...

La Boutique Jaune
de Jeanne Benameur

Marion, quatorze ans, fille unique, vient d'emménager. Dans la rue, La Boutique Jaune, une très vieille boutique fermée depuis longtemps, l'attire, la fascine. Adalbert Lecœur, le vieux voisin anarchiste et brocanteur, lui confie l'histoire bouleversante des anciennes propriétaires...

Folle
de Bernard Friot

Depuis des semaines, la mère de Franck pleure tout le temps, ne prononce plus un mot. Quand elle part pour l'hôpital psychiatrique, Franck la raie de son existence, refusant d'aller la voir, de lui téléphoner. Pourtant il faudra bien qu'il l'admette : sa mère lui manque terriblement, et la maladie se soigne.

Kidnapping
de Jean-Marie Firdion

Cloîtré à la maison pour un banal mal de ventre, Benjamin est seul. Des cambrioleurs débarquent, persuadés d'être tranquilles. Tout s'emballe : kidnapping improvisé, demande de rançon... Benjamin bascule dans un véritable cauchemar. Lorsqu'il est libéré, tout pourrait redevenir normal. Mais non, Benjamin n'arrive plus à dormir, ne veut pas retourner au collège... Que faire de cette souffrance que personne n'entend ?

Le Transfo
de Sylvie Deshors

Installé sur le toit du transformateur, Bô dessine, loin de l'agitation de la ville. Car Bô est sourd. Un jour, il trouve son refuge squatté par Angela, cible désignée d'une bande de garçons qui s'acharne contre elle au collège.

Une île trop loin
de Annika Thor

Victimes des persécutions nazies contre les Juifs à Vienne, les parents de Steffie et de Nelli ont décidé de les envoyer en Suède, à l'abri. Les deux sœurs se retrouvent perdues sur une île au climat rude. Le temps passe, les nouvelles de Vienne se font rares. Et si les deux sœurs ne revoyaient plus jamais leurs parents ? Steffie ne peut l'imaginer...

L'Étang aux nénuphars
de Annika Thor

Steffi est inscrite au lycée de Göteborg. Alors que les nouvelles de ses parents en Autriche se font de plus en plus pessimistes, Steffi ne se sent pas chez elle dans la famille bourgeoise qui l'héberge, d'autant que l'idéologie allemande gagne du terrain. Mais l'espoir persiste de retrouver les siens, bientôt, en Amérique.

Les Profondeurs de la mer
de Annika Thor

Tout va mal en ce début de troisième année en Suède. Steffi risque de perdre la bourse qui finançait ses études, alors que Nelli, sa sœur, rêve d'être adoptée par sa famille d'accueil. Bientôt, plus de nouvelles de ses parents en Autriche. Et le silence qui s'installe...

Vers le large
de Annika Thor

La fin de la guerre devient réalité. Steffi et Nelli imaginent qu'elles vont devenir suédoises. Leur vie leur semble désormais dans ce pays où elles vivent depuis plusieurs années. Mais une lettre de leur père vient bouleverser ce fragile équilibre.

Fils de Django
de Yann Mens

Alexandre rêve de jouer de la guitare jazz. Pour se payer des cours, il anime avec une bande de papis un orchestre de bal chaque samedi soir. Entre les reprises de Django Reinhardt et celles des standards de rock des années soixante-dix, Alexandre va se révéler plutôt doué...

Léo des villes, Léo des champs
de Jean-Philippe Arrou-Vignod

Léo ne fiche plus rien à l'école. Ses parents envisagent de le mettre en pension, à la campagne. Sa grand-mère le prendrait en charge et, pour le mois d'août, Léo y part « à l'essai », avec la ferme intention de lui en faire baver un maximum !

Petit homme reggae
de Christian Moire

Kingston, Jamaïque, 1975. Ritchie rêve de disques, de concerts, et de célébrité... Son grand-père le fait embaucher comme cuisinier chez Bob Marley. Ritchie va partager la vie du musicien au sommet de sa gloire, avant de voler de ses propres ailes.

Quitte ta mère
de Jeanne Benameur

Quand on est tout pour sa mère, est-ce que ce n'est pas trop ? Bastien en a assez, il se sent prêt à décider de sa vie. Son départ en vacances, comme chaque année, à La Rochelle chez son grand-père sera l'occasion de faire le point.

Des têtards dans un bocal
de Laila Stien

C'est les grandes vacances et Helene s'ennuie à mourir. L'arrivée de nouveaux voisins apporte un remue-ménage bienvenu. Surtout que Jim, aux cheveux d'un blond si jaune qu'il ressemble à un bouton d'or, lui plaît beaucoup. Prête à tout pour l'approcher, Helene déclenche catastrophe sur catastrophe !

Vol, envol
de Monika Feth

Dans la famille de Dole, on est pickpocket depuis des générations. Freddy, son frère aîné et complice de toujours, annonce qu'il ne veut plus de cette vie hors la loi et tente de persuader sa petite sœur de faire le même choix que lui, mais Dole n'est pas prête.

La Fille aux cheveux courts
de Kochka

Beyrouth, 1976. C'est la guerre. M. Jacques confie la garde de son appartement à Nabil, le temps d'installer sa famille en sécurité à Paris. En réparant un meuble, Nabil découvre le journal intime de Marie, la plus jeune des filles. Il découvre ce qu'elle n'a jamais dit à personne : ses douleurs et ses révoltes secrètes.

La Contrescarpe
de Catherine Sanejouand

Un matin, au petit déjeuner, Coline décide de se taire, de ne plus ouvrir la bouche. C'est le seul moyen qu'elle a trouvé pour briser le silence de ses parents. Car, avant sa naissance, il y a eu une autre fille, Violaine, belle, intelligente, vive, bonne élève...

Cinq
de Marie-Sophie Vermot

Fleur et Will sont jumeaux, complices de toujours malgré leurs différences. Mais Will est victime d'un grave accident ferroviaire. Sévèrement brûlé, il plonge dans le coma. À son réveil ne prononce plus un mot. Les parents pensent que seule Fleur peut ramener son frère vers la vie.

E-den
de Mikaël Ollivier

Dans un monde futur, mais pas si éloigné du nôtre, une drogue d'un genre nouveau plonge ses victimes dans un coma profond : un monde virtuel au réalisme mortel. Goran va mener sa propre enquête et plonger à son tour dans le monde merveilleux d'E-den, avant que le paradis ne se transforme en enfer...

Une heure, une vie
de Jeanne Benameur

Les parents d'Aurélie se séparent et Aurélie ne trouve plus de place pour dire sa peine. Traversée de questions sur l'amour, elle n'a d'issue que dans le mensonge. Le temps du trajet en train qui la ramène chez sa mère, elle s'invente une vie chaque fois différente, toujours tragique.

L'Étoile de l'Himalaya
de Patrice Favaro

À Delhi, les gamins des rues mènent une vie de misère, subissent la violence dans des conditions terribles. Pour survivre Mohan devra-t-il lui aussi mendier, voler, toujours se cacher afin d'échapper aux policiers et aux bandes rivales ? Il a la rage de vivre autrement.

Voyage contre le vent
De Peter Härtling

La guerre est terminée. Bernd et sa tante Karla sont coincés dans une petite gare tchèque à attendre qu'un train arrive et les emmène jusqu'à Vienne. Interminables les journées à chercher où se loger, de quoi manger, avec les autres réfugiés, tous allemands comme eux et qui doivent rentrer...

Un boulot d'enfer
de Florence Thinard

Nina et son père meurent dans un accident de voiture. Les voilà anges au paradis... mais pas pour d'éternelles vacances ! Car Nina doit veiller, horreur, sur son ennemie personnelle, l'infâme Priscille Grant.

Zéro, le monde
de Frédérique Martin

La vie c'est pas toujours marrant, et Dominic a bien l'intention de ne pas se laisser faire. Heureusement il y a des rencontres qui vous réconcilient avec le monde. Heureusement il y a, parfois, une fille pour vous chavirer le cœur...

Entre les lignes
de Emmanuel Bourdier

C'est la guerre, dans un petit village du Berry, en zone tout récemment occupée. Alors que la résistance à l'occupant s'organise, de drôles d'attentats anonymes viennent animer le quotidien du village... et celui d'Augustin, onze ans. Qui est donc le résistant fantôme de Bengy ?

Douze choses à faire avant la fin du monde
de Bjørn Sortland

C'est la fin du monde. Therese apprend que ses parents vont divorcer. Et, comme si ça ne suffisait pas, elle prend conscience de sa situation : à treize ans, elle n'a toujours pas de petit copain. Que faire avant que ce monde ne s'écroule pour de bon ?

Baïti baïtak
de Alison Bernard

Malik vient tout droit du Yémen rejoindre sa tante. Mais la France qu'il trouve n'est pas le paradis sur terre que vantait Nour. Tout y est gris, rétréci, froid. Malik est « à côté », en décalage, différent des autres.

Sur l'Orénoque
de Pascale Maret

Fuyant l'Europe nazie, Simon arrive chez son oncle Vlad à Caracas au Venezuela. Malgré son âge, ses réticences, Simon doit suivre son oncle dans une expédition scientifique aux sources encore inexplorées de l'Orénoque. Commence une longue remontée du fleuve.

Une photo de toi
de Vincent de Swarte

Chaque week-end, porte de Montmartre, Julia fouille et déniche des appareils photo aux Puces. « Kaoku », un vendeur tout juste installé et qu'elle ne connaît pas lui offre en cadeau un Weber fex avec une pellicule à l'intérieur.

Martin de Marseille
de Rolande Causse

Martin apprend que Francis, le père avec lequel il vit depuis toujours, n'est pas son vrai père. Du jazz plein les oreilles, il quitte Paris et débarque à Marseille, seul, à la recherche de ce deuxième père bien encombrant.

Nouvelles vertes
Collectif

D'énormes menaces pèsent sur l'avenir de notre planète : surexploitation des forêts tropicales, disparition d'espèces animales et végétales, usage massif de sacs plastique... Neuf nouvelles pour prendre conscience de la fragilité de la Terre.

Le Plus Grand Matin du monde
de Kochka

Élie est plongé dans le coma. Il a sauté d'un toit... Son père accourt aussitôt de Beyrouth. Il avait cru bien faire en envoyant sa famille à Paris à l'abri des bombes et des balles perdues. Il ne s'est pas rendu compte que son fils grandissait sans lui.

Tempêtes
de Hanno

Rose, Malika et Tahar se perdent dans la forêt. La pluie obscurcit l'horizon, la nuit tombe, le vent se déchaîne... Pour quelques heures chacun affronte l'excitation de vivre en Robinson, mais aussi la peur, l'épuisement.

Le Si Gentil Monsieur Henry
de Clotilde Bernos

Monsieur Henry est un si gentil professeur de chant, tous les parents sont enchantés. Les parents, oui, mais les enfants ? Camille est terrorisée parce que derrière le gentil professeur de chant se cache un monstre pervers.

La Fille Corneille
de Bodil Bredsdorff

Des personnages isolés se rencontrent petit à petit et finissent par former une mini communauté : une orpheline, un petit garçon à l'abandon, une femme en fuite avec sa fille...

Hier encore, mon père était mort
de Mikaël Ollivier

C'est un choc incroyable pour Mathieu quand il découvre une longue et récente lettre, signée de son père, et qui parle de lui à chaque page... Son père n'est pas mort, il est en prison pour une longue peine à la suite d'un braquage.

Une année douce-amère

de Pascale Maret

En cette année 1943, sous l'Occupation, l'école du village accueille des réfugiés, venus de loin. Émile, fils de paysans, se lance dans la résistance active, par amour pour Édith qu'il cherche à protéger.

24 heures d'éternité

de Hubert Ben Kemoun

Valentin file à l'anglaise pour retrouver Caroline qui l'attend du côté de Nantes. Son chemin va croiser celui de Zacharie, qui sort de cinq années de prison et espère bien récupérer son butin...

Niveau de lecture : 3e et plus

L'Amour en chaussettes

de Gudule

Delphine est amoureuse de son prof d'arts plastiques qui leur a fait un cours décoiffant sur le préservatif. Quand elle comprendra que rien n'est possible avec lui, elle trouvera refuge dans les bras d'Arthur avec qui elle vivra sa première expérience sexuelle...

La Danse interdite

de Rachel Hausfater

Perla et Wladek s'aiment. Tous les deux sont polonais mais elle est juive, pas lui. On les sépare. Perla est envoyée aux États-Unis rejoindre son père. Plus tard, elle retourne en Pologne au moment où les Allemands envahissent le pays...

Un jour avec Lola

de Jean-Paul Nozière

Lola joue à remplacer sa mère partie depuis deux ans. Elle emprunte sa garde-robe et mime ses attitudes auprès de son père qu'elle vénère par-dessus tout. Ses allures de femme-enfant préoccupent les services sociaux.

Le Goût de la mangue

de Catherine Missonnier

Madagascar, 1956. Anna se sent mal intégrée dans le cercle privilégié de la jeunesse blanche de l'île, en cette fin de domination coloniale. Avec la rencontre de Léon, les tensions indépendantistes vont faire irruption dans le quotidien de l'adolescente.

Acte II

de Michel Le Bourhis

L'année de la seconde scelle pour Vincent l'adieu à l'enfance : premiers émois, premiers embrasements aussi pour les mots lus ou écrits. Ceux-là mêmes qui poussent son professeur de lettres à quitter l'enseignement pour se lancer dans le théâtre professionnel.

Série noire sur le *Chérie Noire*
de Jean-Paul Nozière
Sur son pauvre rafiot, Philémon Frigo cherche un sujet pour son prochain livre. Pressé par son éditeur, il promet d'écrire en trois semaines la biographie romancée de Jean Philibert Loca, légende vivante de la littérature. Et vogue la galère, sur laquelle l'accompagne Souad, la belle secrétaire touareg...

Vers des jours meilleurs
de Marc Cantin
Zack a seize ans et fume de l'herbe, régulièrement. Il aimerait faire partager à Maïa ces moments où il plane. Il espère que ça les aidera à franchir le pas... à faire l'amour pour la première fois. Un jour on lui propose de passer à autre chose. Des ecstasys d'abord et un peu de cocaïne, en cadeau...

L'Ogre blanc
de Jean-François Chabas
Noraughengi est un géant. Un sommet, quelque part en Asie, que tous les grands alpinistes rêvent de gravir. Nombreux sont ceux qui y ont laissé la vie... Un jour, Aram décide de tenter la conquête du monstre. Son frère Pietr refuse de le laisser partir seul.

Pouvoir se taire, et encore
de Marie-Sophie Vermot
À quel moment peut-on dire que Dina a basculé vers l'anorexie ? Quel a été le déclic ? Est-ce l'opération chirurgicale qui a transformé son visage qu'elle ne reconnaît plus ? Sa première grande déception sentimentale, juste après avoir fait l'amour pour la première fois ? L'attitude de sa mère ? Un peu tout cela ?

Star-Crossed Lovers
de Mikaël Ollivier
Une usine qui ferme, une grève qui éclate, une ville qui s'embrase, et deux adolescents qui s'aiment d'autant plus passionnément que tout et tous semblent vouloir les séparer. Car Guillaume, le fils du patron de l'usine, et Clara, la fille de son délégué syndical, sont aussi, à leur manière, des *star-crossed lovers*, des amants maudits par les étoiles.

Les Carnets de Lily B.
de Véronique M. Le Normand
La vie de Lily B., alias Blachon, quinze ans, n'est pas un long fleuve tranquille : ses parents se séparent, Lily se sent moche et parfaitement incomprise... Mais l'amour rattrape même ceux qui n'y croient pas.

La Saison des chamailles
de Véronique M. Le Normand
Ce qui compte le plus pour Lily Blachon, c'est la bande de copains, les rendez-vous dans les cafés, les discussions interminables et essentielles. Et aussi son amitié avec Florian. L'alter ego, le confident, le frère,

l'ami, l'indispensable... En le perdant, Lily va brusquement mesurer son attachement à Florian : et si c'était lui, l'amoureux qu'elle cherche en vain ?

Le Roman de Noémie

de Véronique M. Le Normand

Lily Blachon est en terminale et découvre les grandes interrogations philosophiques. Elle reçoit par la poste de jolis cahiers blancs, ceux de son arrière-grand-mère, morte l'été précédent. Sur chaque page figure une date, mais les pages sont vierges...

Retour à Douala

de Marie-Félicité Ebokéa

Charlotte est une jeune neurologue brillante. Camerounaise, elle a quitté Douala pour faire ses études en France et n'y est jamais retournée depuis. À la mort de sa grand-mère dont elle était très proche, Charlotte rentre au Cameroun de toute urgence. Le corps de sa grand-mère a disparu, volé. Devant la mollesse de la police locale, Charlotte décide de mener son enquête.

À-Pic

de Frank Secka

Dans un séjour aux sports d'hiver, il n'y a pas que le ski. Surtout quand on est le plus jeune du groupe et qu'on découvre tout de l'autre. On apprend vite que dans les paroles, en pensées, entre les corps aussi, on peut s'aventurer hors piste. Des avalanches que l'on déclenche alors, on se relève un peu sonné, un peu plus vieux, un peu plus riche. Plus fort aussi, plus libre. Peut-être différent.

Brooklyn Babies

de Janet McDonald

À seize ans, Raven est déjà maman. Fini ses rêves d'études universitaires qui l'emmèneraient loin de la cité new-yorkaise où elle vit chez sa mère. Baissera-t-elle les bras comme sa meilleure amie Aïcha, elle aussi fille mère, qui lui conseille de vivre d'allocations ? Ou s'accrochera-t-elle à ses rêves ?

Top-rondes

de Janet McDonald

Aïcha se la coule douce avec ses deux enfants. Elle habite chez sa mère et touche des allocations, sans s'inquiéter de l'avenir. Mais tout a une fin et Aïcha va devoir effectuer un travail d'utilité publique... Impossible ! Aïcha compte bien s'en sortir à sa manière.

Des tifs et du taf

De Janet McDonald

Keeba et Teesha n'ont aucun plan d'avenir. Elles ont bien envie de devenir riches, si non célèbres, et ont de l'énergie à revendre. Oui mais quoi en faire ? Un salon de coiffure !

Le garçon qui aimait les bébés
de Rachel Hausfater
Martin aime les bébés. Depuis toujours. Lorsque Louise, son amie, tombe enceinte, elle le vit comme une catastrophe. Mais pour Martin, c'est différent. Cet enfant, même s'il ne l'a pas fait exprès, il l'aime déjà, il l'attend, et fera tout pour le garder.

Des filles et des garçons
Collectif
Onze nouvelles pour parler du regard des garçons sur les filles, des filles sur les garçons. Pour dire l'amour et la violence, les pressions sociales, familiales ou religieuses, le poids des traditions... mais aussi la solidarité et l'amitié. En partenariat avec le collectif « Ni putes ni soumises ».

Route 225
de Chiya Fujino
Eriko part à la recherche de son petit frère, Daigo, qui tarde à rentrer de l'école. Elle le retrouve dans le square de son quartier, mais bizarrement ils n'arrivent plus à rentrer à la maison. Autour d'eux, tout a changé. Où se trouve le monde réel ?

Une poignée d'argile
de Marie-Sabine Roger
De son enfance, elle ne se souvient de rien, ou presque. Son père n'est même pas mort, bien pire, il a disparu, tout lâché. Il les a abandonnées, du jour au lendemain, sa mère et elle. Grisaille et rancœur jamais résolue. Le dessin, la sculpture vont la sauver.

Ci-gît, pour l'éternité
de Jean-Paul Nozière
Éric est mort il y a dix ans, à La Combe-aux-Loups, lors d'un camp pour ados difficiles. Un fait divers tragique : accident de minibus, dix victimes. Alex, qui a à présent l'âge de son cousin Éric lors de sa mort, veut comprendre les circonstances exactes de l'accident.

Faire le mort
de Stefan Casta
Kim et des copains partent passer quelques jours au cœur de la forêt suédoise. Un soir, autour du feu de camp, une dispute éclate. Kim se fait passer à tabac, il est laissé pour mort par ses amis. Comment les choses ont-elles pu en arriver là ? Qu'est-ce qui a poussé les adolescents à commettre un acte aussi terrible ?

C'est loin, Valparaiso ?
de Bernard Friot
Max n'aime rien ni sa vie ni personne. Seule compte sa sœur aînée mais elle est partie, loin, à Valparaiso, Chili. Max se prétend « zérosexuel ». Pourtant, tout ce qui touche à la sexualité le travaille... La présence de Karima illumine ses journées et hante ses rêves.

Les Fous d'oliviers
de Claude Clément

La Bergerie des Pastriers est un havre de paix. La famille cultive les oliviers et élève des moutons. Isabelle y est heureuse avec ses parents et ses frères. Olivier, l'aîné, et son père sont inséparables. Jusqu'à l'accident de moto qui tue Olivier... Le père s'effondre.

La Fille du squat
de Ragnfrid Trohaug

« Je ne suis celle de personne ! » affirme Ida, qui n'accepte pas la mort de son grand-père, avec qui elle avait une belle complicité. C'est alors que surgit Linn, dix-sept ans, les yeux vairons, qui vit dans un squat. Immédiatement, Ida tombe amoureuse. Mais l'amour entre Linn et Ida est compliqué.

Le Quatrième Soupirail
de Marie-Sabine Roger

Dans un pays d'Amérique du Sud écrasé par une dictature, le père de Pablo est enlevé par des soldats. Son seul crime : éditer de la poésie révolutionnaire. Pablo va tenter de s'introduire dans la prison où son père est détenu pour lui murmurer, jour après jour, les vers de la survie.

Pourquoi ça fait mal ?
de Rachel Hausfater

C'est l'histoire d'un coup de foudre dans un bus. D'échanges de regards, d'attente... De l'état dans lequel l'amour vous plonge, de l'obsession des retrouvailles, de la peur de tout inventer. Puis l'amour révélé, très vite envenimé par la jalousie, la crainte d'être mal aimée.

Mais il part...
de Marie-Sophie Vermot

Parce qu'il a besoin d'argent pour s'offrir la guitare électrique de ses rêves, Saul accepte de promener quelques heures par semaine une chienne qu'il a sauvée. Au fil des jours, il va nouer une amitié avec le propriétaire de la chienne, atteint du sida...

Lise.
de Corinne Lovera Vitali

Le temps d'une immobilisation forcée, Lise va essayer de vraiment se parler. Les mots volent à son secours alors qu'elle est dans la pente. Et quand elle la remonte, Lise lentement consolide sa parole en même temps que ses jambes...

La Vie comme Elva
de Jean-Paul Nozière

Lorsque ses parents apprennent leur licenciement, c'est Elva qui va les pousser à se battre. « Elva la rouge » qui distribue les tracts à travers la ville, prépare les banderoles, rejoint les occupants de l'usine et les piquets de grève. Une fille de son âge croise son regard, c'est le coup de foudre.

Deux fois rien
de Marie-Sophie Vermot
Nuala est enceinte, même pas amoureuse, une histoire idiote dont elle a honte. Elle entre en seconde, l'accouchement est prévu pour Noël. Il lui faudra, bien avant l'heure, apprendre à être maman.

Frères de sang
de Mikaël Ollivier
Un soir, le destin des Lemeunier bascule. Brice, le fils aîné, est arrêté, soupçonné d'être l'auteur de cinq crimes odieux. D'abord terrassé, mais convaincu de l'innocence de son frère, Martin se lance dans une enquête en solitaire.

Havre de paix
de Fujino Chiya
Quatre nouvelles évoquent la vie contemporaine au Japon. Les personnages flottent dans une réalité banale derrière laquelle affleure l'étrange, pas forcément où nous l'attendons.

Un été 58
de Jean-Paul Nozière
Dans la torpeur de l'été 1958, Justin est placé en famille d'accueil, dans un village. Il a quatorze ans, il est d'une aisance insolente avec les adultes. Pierre, fils d'instituteurs, élevé strictement, tombe sous le charme.

Point de côté
de Anne Percin
Il y a sept ans, Pierre a perdu son frère jumeau dans un accident de voiture. Survivre est devenu si difficile que, peu à peu, il y a renoncé. Un suicide lent, par la course à pied. Mais c'est quand on ne croit plus à rien que tout peut arriver...

Deux sœurs en décembre
de Shaïne Cassim
Romy se plaît, se roule dans le chagrin et la tristesse. Et soupire en secret pour Athanaël, qui est accessoirement le proviseur du lycée où elle est en hypokhâgne. Un jour, elle franchit le pas.

CET OUVRAGE A ÉTÉ ACHEVÉ D'IMPRIMER
À LUNE GIBBEUSE POUR LE COMPTE DES
ÉDITIONS THIERRY MAGNIER PAR L'IMPRIMERIE
TECHNIC IMPRIM À 91 LES ULIS EN SEPTEMBRE
2006 (2e ÉDITION) DÉPÔT LÉGAL : OCTOBRE 2006

Imprimé en France